不登校・ひきこもりから抜け出す
7つのステップ

日本心理療法協会代表理事
椎名 雄一

学びリンク

ステップ０　はじめに

親子の関係は旅人と自然の関係に似ています。旅人が夏の暑さに倒れそうになっている時、ちょっとした木陰を見つけられると体を休めることができます。あるいは通り雨が降ることで暑さをしのぐことができるかもしれません。

決してその旅人の前に姿を現して、氷の入った飲み物を与えたり、エアコンの効いた部屋に招いてはいけません。なぜならば、旅人はそこで安心してしまって力を抜いてしまうからです。エアコンの効いた部屋に留まり続け、旅を止めてしまうかもしれません。

苦しんでいる大切な我が子の為に何かをしたい。その気持ちは親として当然のものなのかもしれません。しかし、それと同じくらい苦しんでいる大切な我が子のために何もしないで待っていたり、見守ることも大事な場合があります。手を出す事は時として本人の力を奪うことにもなります。思いやりの言葉が本人には鋭い刃に見えてしまうことがあります。周りの苦労とは裏腹に本人が動いてくれずにがっかりすることもたくさんあることでしょう。

たくさんの我が子のために頑張る保護者の姿を私も見てきましたが、愛情の多さゆえか、結果を焦ってしまい、逆に本人を苦しめてしまうということも少なくありません。例えば、微分方程式を解けるようになるためにはまず数が数えられたり、足算ができなくてはいけません。数を数えるのが当たり前になって、初めて足算を学ぶ準備ができます。足算がしっかりわかると引き算。それらをベースにして掛け算…とそれぞれが違うステップです。数を数えるところから掛け算までをいっぺんにやろうとステップを駆け上がると混乱してやる気をなくしてしまいます。


不登校・ひきこもりから抜け出すときも、結果にたどり着くには小さなステップがあります。

では、私たちはどれくらいまでいっぺんにステップを駆け上がれるのでしょうか?

それはおよそ「7」つの要素くらいまでだとされています。


みなさんがこのような本を読むときにも「大事なことが19個あります」となっていたらうんざりしてしまいます。「大事なことは3つです」これなら分かりやすそうです。「大事なことは7つです」このあたりが多くの人が混乱せずに理解できる限界です。

それでは、まずはウォーミングアップとして、不登校・ひきこもり状態のお子さんと関わる時に親が気をつけるべき7つのポイントをご紹介します。

1. 気持ちを落ち着けてから関わる
2. 話す内容に「皮肉」や「操作」を混ぜない
3. ネガティブな仕草や表情に気をつける
4. 子どもをダメ人間ではなくヒーローと見る

5．子どもが見えている世界を把握する

6．世間の側ではなく、子どもの側に立つ

7．「7」を考慮して次の1段に集中する

これだけでも「多いな」と感じませんか？

私たちは自分が当事者として「何かを変えよう」とすると、1段1段のステップが意外に難しいと感じるものです。当事者として何かをする難しさを感じる意味でも、まずはこの7つをクリアしてみていただけたらと思います。

1．気持ちを落ち着けてから関わる

保護者自身が焦っていたり、イライラしていたら伝えるべき大事なメッセージが伝わりません。私たちは余裕がない状態で関わるほど相手の気持ちが汲み取れなくなりますし、伝え方も配慮がない雑な伝え方になってしまいます。まずは深呼吸をしたり、必要ならば一晩置いてから関わることが大事です。

2．話す内容に「皮肉」や「操作」を混ぜない

保護者も人間ですから「いい加減にしてほしい」「何回言わせるの？」と思ってしまうことがあります。そうすると楽しい話や大事な話につい「皮肉」や「こうしてほしいという操作」を混ぜてしまいます。楽しい会話ができるようになって、ようやく出てきた幸福感に水をかけるような「皮肉」や「操作」は保護者が伝えたいメッセージが伝わらないばかりか「絶対に従ってやるものか」のような反発を生むこともあります。

3．ネガティブな仕草や表情に気をつける

保護者のため息ひとつから「私がイライラさせている」「申し訳ない」のような気持ちを引き出してしまうことがあります。たとえそれが別の理由だったとしても子どもは世界が狭いですから「私が原因なんだ」と考えてしまいがちです。大きな音を立ててドアを閉めたり、子どもが聞こえるところで喧嘩をするのも避けたいところです。すべてが「私が原因なんだ。私がいなければいいんだ」という発想につながってしまっているかもしれません。

4．子どもをダメ人間ではなくヒーローと見る

「今は調子が悪いけれど、私の自慢の子ども」と心の底から思って関わるのと「何で他の子は頑張っているのにうちの子はダメなのかしら」と思っているのでは自然と関わり方が違います。カウンセリングを受けるとしても「ダメな子どもの治療」のような文脈なのか「自慢の子どもを輝かせる為」という文脈なのかで当然結果は違います。「あなたはダメだ」というメッセージとともに支援をしたら本人はどんどん自信をなくしてしまいます。

5．子どもが見えている世界を把握する

子どもが半年間、引きこもってゲームをしていたとしたらその子が住んでいる世界はゲームの世界です。「会社に入るといろいろな人が責任を持って自分の役割を…」と伝えるのと「ゲームの中でも戦士が前衛で魔法使いが後衛を受け持つでしょう」と伝えるのでは伝わり方が違います。まずは子どもが見えている慣れている世界観を把握することが大事です。

6．世間の側ではなく、子どもの側に立つ

「出席日数が足りなくなるって」「試験を受けないと卒業できないって」それらは確かに大問題です。しかし、その枠組みに対応できないこととお子さんの価値は全く関係がありません。保護者が学校の側にいたら「あと3回休んだらダメ…」のような立場になります。これでは敵です。「学校はあと3回と言っているけれどこっちにはこっちの事情があるよね」という立場なら味方に見えるかもしれません。社会から突きつけられた課題をそのまま伝え、一人で頑張らせるのと一緒にその課題をクリアするために協力するのでは心強さが全く違います。

7．「7」を考慮して次の1段に集中する

今いるところから「7」手先までしかお子さんには対応できません。部屋にこもっているならリビングに出てくるくらいで精一杯かもしれないのです。「ここまでが7手以内だな」「ここからは7

手を超えそうだな」お子さんの見ている世界観を推測しながら、「学校に行かなくても良いからリビングで快適に過ごそう」といったような適度な次の1段に集中して、その間は「それで試験はどうするの？」と飛躍させないことが大事です。

こうしてみると「不登校・ひきこもり状態のお子さんとの関わり方」だけでも簡単ではないことがわかります。無理な崖を一気に登ろうとして失敗を繰り返すよりは、1段登ってそれを喜んでまた1段と進めて行った方が成功を繰り返しながら登っていくことができます。

この7つのコツをぜひ「1日1つずつ」クリアしてみてください。1．今日は気持ちを落ち着けてから話しかけるように気をつけようとか、5．今日は子どものゲームの世界観を理解するようにしてみようといった感じです。もちろん、お子さんの状態や親子関係によってできることできないことがありますが、「今日はこれに気をつけて生活しよう」と7つのコツのひとつを意識するだけでお子さんとの関わり方が劇的に変化します。

こもってしまったお子さんにとっては保護者は関わりがある人類の全てに近いわけです。保護者との関係がうまくいけばその背後にいる70億人からの人類に好感が持てますが、それすらうまくいかないとなれば他の人類には会いたくなくなるかもしれません。「お子さんが全人類に対してどんな印象を持つか？」を保護者は代表していると言えますから、非常に重要なポジションです。保護者との信頼関係から始まって、それが友人や先生と広がっていければ笑顔で学校に行ける日も近いです。

さて、ウォーミングアップはそれくらいにして、本書の構成について触れておきたいと思います。把握できる「7」を意識して進めていくことは不登校・ひきこもりから社会へ復帰する過程においても重要です。「何とかしてあげたい」という思いゆえに焦ってしまう気持ちはみなさんに共通していると思います。せっかくのその思いが明るい未来に届くようにこの本では不登校・ひきこもりから社会復帰するための7つのステップと、各ステップをクリアしていくための7つのポイントをお伝えします。

1ヶ月部屋にこもっていたお子さんが、学校に行って試験を受けて帰ってくる。これをクリアするのは途方もないことです。「リビングに出られるかな」「親になんと言われるかな」「髪の毛が伸びちゃっているな」「身体がなんだかだるいな」・・そんなことを考えているだけであっという間にパンクしてしまいます。試験を受けるまでには50段階くらいは考えなくていけないことがあるかもしれません。どうしても時間がかかります。

一方で保護者の気持ちとしては一刻も早く学校に笑顔で通ってほしい。そこまでできなくても出席日数はクリアしてほしいし、試験を受けてほしい。そんな風に気持ちが焦りますね。そうなると「さあ、50段を駆け上がって」「さあ、今日こそ50段を駆け上がって」と毎日、無理なことに挑戦しさせて失敗を繰り返させることになります。自信をなくし、向き合う気力もどんどんなくなってしまいます。

それよりは「今日、7段上がって！」「今日は次の7段を上がろう！」と7回繰り返した方が着実にステップをクリアしていけます。何とかしたいという保護者の気持ちをお子さんが実行できる形にするためにどうして行ったら良いかをお伝えしていきます。


最後に私自身の話を少しだけしてこの章を終えたいと思います。私自身も高校生の頃から学校に行きにくくなりはじめて、20歳を少し過ぎた頃には完全にひきこもりになってしまっていました。それから約8年間、30歳を過ぎる頃までひきこもりをしていたわけですが、当時、私の部屋の扉のところに食事を運んでくれた母が私を責めるわけでもなく適度な距離でいてくれたことを今でもありがたく思っています。元気があるときはスーパーに一緒について行ったり、余裕がある時には家族と一緒に夕飯を食べたりしました。でもそれができない期間は部屋にこもったまま自分のペースで食べたい時に食事をとり一生懸命こころのバランスを整えていました。数ヶ月、全く会話をしないこともあったけれど、必ずリビングに出ていけば母が迎えてくれるという安心感が支えになっていたと思います。自分でもうまく言えないほど混乱している時や表情を全く作れないくらい、落ち込んでいるときには会話をすることができませんでしたが、そんな時に無理にドアをこじ開けようとしないでくれた事は本当にありがたかったです。

そんな経験から通信制高校を経営することとなり、今では毎日のように中高生の自宅に伺っては一緒にゲームをしたり、夕飯を作ったり、部屋を片付けたりしています。すべての子に共通しているのが無理なハードルを超えさせようとしたり、得意ではない分野を押し付けられてやる気を失っていることです。家庭訪問で私が初めてお子さんに出会えるまででも大袈裟ではなく１００段階ぐらいの小さいハードルがあります。「出会い方」「服装」「声」「紹介のされ方」「時間帯」「話題」「部屋のドアをノックする音のボリューム」「差し入れの種類」「保護者の役割」「保護者との雑談の内容」「玄関の手前で止まるべきかあがるべきか」・・・いきなり時間を決めて会いにくることがいかに唐突かは当事者であったからこそよくわかります。その加減を誤れば、一気に崖を登らせようとして自信を失くさせてしまいます。これは８０５０問題の入口です。私は幸いにもその微妙な加減の中で自分を取り戻し、社会に戻ることができました。

ぜひ、この本を手に取ってくださったみなさんも「不登校やひきこもりの経験は大変だったけれども良い経験をしたな」と振り返る日が来るように願っています。

目次

ステップ1

ひとりにする

「親には何もしないで欲しい」

私自身が引きこもっていた時にそう感じることがよくありました。学校に行きにくくなっている中高生と話をしていても同じような言葉を口にする子がとても多いです。

親心としては大事な我が子が困っているのだから「何かをしたい」と思う気持ちはとてもよくわかります。「何もしないほうが良い」という対処方法が一番つらいかもしれません。

私たちが何かを理解したり習得するには、心理学的に大きく分けて2つの方法があります。

1つ目は正解を教え込む方法です。

例えば虹がどのようにして生まれるかというと「太陽光が雨粒に差し込んだ時に1回屈折し、その後1回反射し、最後にもう1回屈折して雨粒から出ていくが光の波長によって屈折率が違うのでその結果光は色ごとに分散して…(略)」というような正解がわかると、虹を理解することはできます。

2つ目は間を開けて待っている方法です。

「虹！　きれいだね！　あれは何でああなるんだろう？」と家族や大事な人が言ったとすると、「調べて教えてあげよう」と思うかもしれません。これでも結果として、自分で虹を調べて同じ知識を得ることができます。

このように2つの方法をみると、それぞれに長所と短所があることがわかります。1つ目の方法が生きるのは「正解がひとつ」の場合です。2つ目が有効なのは「やる気を出してほしい時」「自分から動いてほしい時」などです。つまり、実際に行動して解決するような問題、心の問題などには2つ目の方が効果的です。

不登校・ひきこもりの序盤は特にお子さんは混乱しています。私もそうでした。「何かをしたい」と思う親心とは裏腹に、子どもがそんな時にしてほしいのは「何もしないこと」なのです。

ステップ1では基本的に保護者が直接的にできることがありません。でも「観察をする」などやっておいた方が良いことはたくさんあります。「何か良い影響を及ぼしたい」と考えるのはステップ2以降に任せて、まずはお子さんが2つ目の方法で問題と向き合う準備ができるまで見守ることをしてみてください。

ステップ1

ポイント① ひとりでやりたいように過ごさせる

保護者の方が「子どもが部屋から出てこなくなってしまいました。私は何をしたら良いでしょう？」と相談にいらっしゃることはよくあります。「一刻も早くこの状況を私が何とかしないといけない」という強い愛情や覚悟がビリビリ伝わってきます。

そんな時には「何とかするために何もしない」。これが正解かもしれません。

お子さんにとって、世界のほとんどは学校と家でできています。その学校にうまく通えないということは自分自身の存在自体を疑ってしまう大きな問題です。「学校には自分の居場所がない」という思いはやがて「この世には自分の居場所がない」という思いになっていきます。もし、そんな気持ちの時に家でも「学校に行ける？」と尋ねられたら「行けません。ごめんなさい」と追い詰められてしまいます。学校にうまく通えていないうえに家でも期待に応えられないと感じると「居場所がない」という思いが強くなってしまいます。

ちょっと想像してみてください。私たちが「結婚式の二次会」に誘われて参加したけれど、誰も歓迎してくれずに自分が一人で孤立するような場面…そんな時にはスマホをチラチラ見ながら「早く帰りたいな」と思うはずです。「どこにも居場所がない」とはこういう感じです。

そして、自分の居場所はこの世のどこにもない気がしてしまったら「この世から消えたい」と思ってしまいます。

こういう時期には

・つらい感情が嵐のように頭の中でぐるぐるまわる状態

・頭の中が真っ白で全く何も考えられない状態

を繰り返しています。嵐がひどくなるとマイナスの考えがぐるぐる止まらなくなってしまうので、ゲームやYouTubeで頭の中を埋めることが大きな助けになります。逆に真っ白になると多くの場合、頭がボーッとしていたり寝てしまいます。このサイクルが本人にもコントロールできないほど不規則にやってきます。

本人以外が「学校に行きなさい」「休んだ方がいい」「頑張って」と推測をもとに関わっても嵐の状態と真っ白の状態のどちらにいるのか分からないので、多くの場合は、余計に傷つけてしまいます。そんな時には「相談できそうな状態になったら言ってね！」と一声だけかけて、やりたいように過ごさせることが助けになります。

ステップ1

ポイント② 時間の流れから切り離してあげる

「時間」は時として私たちに強烈なプレッシャーをかけてきます。

・「この作業の期限は明日までです」

・「あと3分で試験時間終了です！」

このように言われると、心臓がバクバクいってしまうくらい焦ってしまうこともあります。

同じように、不登校・ひきこもりの状態のときは、朝、カーテンの間から太陽の光が差してくると心の中がザワザワしてきます。「みんなは学校や会社に出かけていくぞ！　お前はどうなんだ？」と太陽にさえ非難されている気分になります。

ひきこもって家でお休みをしていてもそれは起きます。朝は「活動し始める人」と自分を比較して、夕方は何もできなかった自分を責めて、家族が帰ってくるとさらに焦って…そんなふうに時計の針を眺めては自分を責め、世間と比較して落ち込む。プレッシャーを感じる。イライラする。時間は残酷にも毎日毎日「お前はどうなんだ！」と問いかけてきます。部屋にいて、ダラダラしているように見えても実際には全く気持ちが休まっていません。

私がひきこもりをしていた時には耐えきれず遮光のカーテンを買ってもらい、部屋を真っ暗にしてベッドの上で暮らしていました。今が朝か夜かも分からないような生活が「お前はどうなんだ！」という声から解放してくれました。逆に夜は多くの人が活動をしていないので、比較する気持ちがやわらぎます。さらに家族からの視線も感じにくく、オンライン上の仲間たちも遊び始める時間でもありますので、昼間と比べて格段に楽な気持ちになることができるのが夜です。

昼夜逆転はつらい時間から逃れた結果です。「朝きちんと起きなさい」と言われ、頑張って起きて家族と食事を取る。家族が出かけていくのを見送る。問題なのはその後です。そのあとやることがないのに起きている。起きていれば「お前はどうなんだ！」という声とともに１日を過ごすことになります。「これに耐えられないから寝ているのかもしれない」と考えてみると昼夜逆転の改善より前にやるべきことがあることがわかります。

今日はゲームをコンプリートした。今日はアニメを全話見た。今日はゴミ箱のゴミを捨てられた。そんな些細な変化で「やっている感」を増やしていくと自分を責める声が少しだけ小さくなります。アニメを見ておけば、学校に戻った時に会話ができるかもしれません。困難な状況に手も足も出なかった自分と比べて、少しだけ自分を認められた。周囲から見たら「そんなこと」と思うかもしれませんが、その１ｍｍの積み重ねが「お前はどうだ？」の声から守ってくれるのです。だからこそ、この時期は世間の時間の流れを気にせず自分の時間で動けるように見守ってあげてください。

ステップ1

ポイント③ 気を紛らわせることを邪魔しない

気持ちが落ち込んでいる時に「その落ち込みを何とかしよう」とすればするほど状況が悪化してしまいます。不安、緊張、恐怖、孤独、憂鬱などは意識を向けるほどその思いを強めてしまうからです。例えば口喧嘩をしてしまってギクシャクしてしまった時に「どちらが悪かったかを話し合う」とか「お互いに謝罪する」という選択肢もありますが、それでは楽しい気分にはなかなかなりません。でも、もしそのタイミングで好きな有名人が突然サプライズで訪ねてきたら、びっくりして、感激して気持ちが変わってしまいます。興奮して、「すごかったね！」「びっくりしたね！」とお互いに感想を言っている頃には口喧嘩のギクシャクは収まっています。

お子さんが落ち込んでしまっている時に実際に有名人が訪ねてくることは無いですが、ゲームで推しのキャラクターのガチャが当たって盛り上がったり、友だちとオンラインゲームをしてスッキリしたり、ＹｏｕＴｕｂｅｒの面白い企画動画を見て気持ちを切り替えることができるかもしれません。これぱかりは本人もゲームが当りなのか？　ＹｏｕＴｕｂｅが当りなのか？　筋トレやジョギングが当りなのかはわからないのです。毎日毎晩試行錯誤をして、気を紛らわせようとしています。

この段階では誰かが介入できることはほとんどありません。気を紛らわせることに成功して、少しのゆとりを取り戻してくれるのをそっと見守ってください。

私自身も調子が悪い間は連想ゲームのように失敗した出来事を繰り返し繰り返し思い出していました。家族や友だちの顔を思い浮かべては「非難しているに違いない」「迷惑に違いない」「嫌われているに違いない」と悪い方向の解釈を延々と続けていました。その想像をすればするほど、現実とはかけ離れた「ダメな自分のイメージ」が定着していきます。いわゆる「心の闇」ですね。周囲から見たイメージとどんどんずれてしまうのです。

そのずれてしまったイメージを家族に伝えると「そんなことないよ」と軽く否定されたり、違った解釈をされてしまいます。このタイミングでは「問題がない」と断定してほしいのではなく、「問題を理解・共有」してほしいので、「ああ、自分の闇は理解されないんだな」と思ってしまいます。その繰り返し塗り重ねていく闇は周囲の想像を遥かに超えて真っ黒ですから、安易に介入するよりは「気を紛らわせるのを邪魔しない」というアプローチの方が助けになるのです。

そして、もし話を聞く時には判断をせずに徹底的に聞くことをおすすめします。聞き方についてはステップ4のポイント⑤「聞き上手に徹する」にも詳しく書いてありますので参考にしてください。

ステップ1

ポイント④ ネガティブな時には声をかけない

私たちは「嬉しい」「苦しい」「さみしい」「むかつく」といった感情とともに過去の場面を覚えています。私は小田急線の新百合ヶ丘駅にあるオフィスに通っている時期に調子を大きく崩したので、いまだに新百合ヶ丘駅を電車で通り過ぎる時には10％くらいですがテンションが下がります。（新百合ヶ丘の人すみません）

ネガティブな体験をした時や落ち込んでいる時に見た景色、聞いた音楽、場所、キーワードなどは印象に残ります。

台所に置いてあったケーキにゴキブリがいる。そう思っただけで「台所」や「ケーキ」に気持ち悪さが伝染しませんか？

あるいは恋愛で「吊り橋効果」と呼ばれるものがありますが、男女が吊り橋を渡ると吊り橋にドキドキしているのに、ドキドキの原因がその場にいる相手だと錯覚するというものです。

「感情」は直接関係がある事柄だけでなく、偶然そこにあっただけのものにも広がります。例えばネガティブな時に会話をするということはその会話の中で出てきた「モノ」「人物」「動作」などにネガティブな印象がついてしまうことになります。ネガティブな気持ちの時にお母さんを見れば、お母さんの印象がネガティブな気持ちと関連づきますし、ネガティブな気持ちの時に「おはよう」と言われればその言葉の印象も変わってしまうのです。そうなると今度はその「お母さん」や「おはよう」が引き金となって、その嫌な感情が蘇ってきます。この引き金になる「モノ」や「人物」などをトリガーと呼びますが、ネガティブな時に話しかけるとそのトリガーがどんどん増えてしまいます。

先ほどのゴキブリの話に「いちごのショートケーキ」という言葉を付け加えるだけで、汚染が広がるのがわかります。いちごを見るだけでもゴキブリに到達する確率が上がりますよね。（いちごのショートケーキさんすみません）

逆に調子が良い時に会話の中に出てきた「モノ」「人物」「動作」などはポジティブなイメージがつきやすいですから、「それってまるで雨のあとの虹みたいだね」と自然に話すことができれば「虹」がポジティブな引き金（トリガー）になる可能性があります。

ネガティブな時には関わりを減らして、トリガーを増やさない。ポジティブな時には怪しまれない程度に関わりを増やしてトリガーを増やす。これだけでもネガティブなことを思い出す頻度を下げる効果があります。

ステップ1

ポイント⑤ 身の回りのサポートを淡々とする

「悩みが深くなりすぎると自分の世話ができなくなる」。不登校やひきこもりを経験した人は共通して「食事、片付けなど自分の世話ができない時期がある」と言っています。

私たちも『明日、友人が遊びに来る』という状況ならば部屋を片付けて、料理を作ったりして準備をすることができるかもしれません。でも、特別な予定もなく疲れていたら、片付けを始められなかったり、料理もコンビニ弁当になってしまいます。

私もひきこもり期間中は食事を食べるのが精一杯で、食事の用意や、後片付けは到底できませんでした。母が何も言わずに食べやすく工夫した食事を部屋の入口まで淡々と持ってきてくれたこと。そして片付けてくれたこと。これは本当にありがたかった。「甘やかし」ではなく「助け」としてありがたかったと今でも思います。

そして、人と関わることが全くできないこの時期に「食事」を通した文通のようなコミュニケーションは重要なヒントを秘めています。

・食欲がなく、食べることすらできない日
・食器を廊下に出すことすらできない日
・食器をかろうじて廊下に出せた日
・誰もいない時間に食器をリビングに出せた日
・食器を洗う気持ちになった日

「部屋から出てこない」という意味ではほとんど同じでも、「食事」に対する些細な変化に気がつけば、1mmだけかもしれませんが回復を実感することができます。そして、「1mmずつ回復に近づいているな」この思いは保護者としても心が休まる瞬間かもしれません。ハンバーグとカレーではどちらがよく食べるか？　漬物は食べるか残すか？　など些細なことの中にもヒントがたくさんあります。文通をするかのようにいろいろと献立を変えて反応を見てみるのも良いと思います。ちなみにゲームをしている子はバナナのような手が自由になるものを好む傾向にあります。

食事や洗濯、買い物代行などはありがたいサポートですが、部屋に入っての掃除などは逆にリズムを崩してしまいます。あくまでもひとりでいる時間を尊重しつつ、最小限のサポートを繰り返すのがコツです。余計なメモを付け加えたりせず、あえて淡々とすることが大事です。

ステップ1

ポイント⑥ 慌てず時間をかけてともに歩む

「部屋から出てきました！　学校に行くでしょうか？」と喜ぶあまり慌てて先に進めようとしてしまう保護者がたくさんいます。「這えば立て、立てば歩けの親心」というくらいで、親としては一刻も早く笑顔で学校に行ってほしいと願うものです。しかし、ここで慌ててはいけません。

「100段ある階段をようやく1段登った」

お子さんがそう思って上を見上げると、100段登り切ったところで「はやく！」と手を振る親がいる。すると途方もない絶望感と期待に応えられない申し訳なさでせっかく必死の思いで登った1段を否定します。

「1段ぐらい登ったってダメなんだ」

そう思ってその子は階段を登ると思いますか？　降りると思いますか？　あと99段頑張れるはずがないので、1段降りますよね。

「慌てる」「先回りをする」ということは頑張った1段を否定することにつながります。

お遍路さんをすると「同行二人（どうぎょうににん）」という言葉と出会います。〝お遍路をする間、ずっと弘法大師が一緒にいますよ〟という意味ですが、弘法大師はゴールにいて手招きをしているのではありません。常に隣にいて、長い道のりをともに歩んでくれるのです。ともに歩むことで「この坂道はきついですね」「疲れが溜まってきましたね」「今日は日差しが強いですね」「今日はいい出会いがありましたね」とその人の視点で道中を共有することができます。ゴールでただ待っているだけでは「遅いなーまだかな?? どこまできた?? えーまだそこなの??」となってしまいそうですね。

慌ててしまわないためにはお子さんが今どのあたりまで来ているのか？ どれくらい大変だったのか？ 疲れ果ててはいないだろうか？ どれだけ勇気を振り絞ったのだろうか？ と想像をして、同じ1段目に立ってみることをおすすめします。「値千金の1段だね」「やり切ったね」「すごい達成感」と感じることができたら、それを心の中で一緒に喜んでください。弘法大師が姿は見えないけれど一緒にいてくれるように静かに見守りつつ、ともに歩むことが大事です。

こうして一緒に1段1段を歩んでいると、100段目の話は今する話ではないことに気づけると思います。

ステップ1

ポイント⑦　物語が救いになることがある

このステップでは保護者がすることはほとんどありません。「私が代わってあげたい」という保護者もたくさんいますが、そのような方にとってこの段階は歯がゆく、難しいのです。

それでもできることがひとつだけあります。それが物語を使うことです。

「不登校」「学校」「人間関係」「勉強」のような言葉は今のお子さんにとっては聞いただけで胸が締め付けられてしまうような言葉かもしれません。でも、『ＯＮＥ ＰＩＥＣＥ』や『ＮＡＲＵＴＯ－ナルト－』、『鬼滅の刃』のようなアニメやライトノベル、小説などの物語は大丈夫かもしれません。人は昔から物語を好み、その世界観の中に没入しては主人公の気持ちに共感したり、あるいは自分自身がヒーローになったつもりでテンションが上がったりします。

・物語の中に出てくる優しい言葉や思いやりいっぱいの行動を見てほっとする。
・弱いヒーローが強大な敵に屈することなく立ち向かって行きながら成長していく。
・ピンチの時に忘れていた仲間が助けに来てくれて涙が溢れる。
・人とは違うことでいじめられていた主人公が人とは違うことを生かして活躍する。

そんな場面に心を動かすことは自分自身が優しい気持ちになったり、成長しようという気持ちになるきっかけをくれます。

例えば、ひどく落ち込んでいる時に『ウォーキング・デッド』を見る子たちは多いです。自分の悲しさ、この世の理不尽さなどを共感するのかもしれません。バットマンやスパイダーマンのようなヒーローを見て過ごす子は彼らの姿に勇気づけられていたり、異世界ものは特殊能力を持って生まれ変わるという設定に夢があります。『鬼滅の刃』が流行した一つの理由には主人公の炭治郎が「家族の絆を本当に大事にすること」と「敵である鬼にも共感すること」があるように思います。そのような思いやりがある家族の中で、あるいは社会で暮らしていきたいと感じているのかもしれません。解釈や感じ方は人それぞれですし、状況にもよりますが物語による心の動きが助けになることがよくあります。

家にある漫画を読んで元気になった。小説が考え方を変えてくれた。映画の感想を家族と話していたら元気になった。そんなふうに物語は影響を与えてくれます。決して押し付けてしまうことのないように気をつけながらも、家の中に何かの物語があると出口が見えやすいかもしれませんね。調子が悪い時には難しい文学などは読めませんから、漫画や絵本など簡単なものから試してみるのもコツといえます。

先を見通して

自分ひとりの世界から人と関わる世界へ

例えば東京ドームに野球観戦に行ったり、スポーツバーのようなところでみんなで盛り上がりながら試合を観戦するとしましょう。そんな時に「どのチームを応援しているか？」を決めていないと少し困ったことになります。

どっちのチームが勝った時に喜び、負けた時に悔しがるか？ どっちのチームに肩入れして、「まだまだチャンスはある！ 頑張れ！」と応援するのか？ それが決まっていないと輪には入れません。そればかりかあるチームを応援している集団から見たら「だったら来るなよ！しらけるから！」と言われてしまうかもしれません。人が人と関わるには最低限の自分のポジションが必要です。

自分のポジションが見つけられないと「居場所がない」「消えてしまいたい」と感じてしまいがちです。他の人が当たり前と思う感覚を共有できないからです。

「これから消えます。さようなら」

そのような思いを持っている人はその最低限の自分のポジションが見つけられていません。多くの人が当たり前だと思っている「食事をすること」「学校に行くこと」「社会の一員になること」「明日を生きること」などが当たり前ではなくなっています。

「ご飯何食べる?」という問いはご飯を食べたい人、食べられる人がする会話であって、食欲がなく、気力がない人には関係のない会話なのです。せめて「カレーライスが好き」という仮説を立てるだけでも自分のポジションを少しだけ感じることができます。そんな自分のポジションのタネ・つまり仮説がこのタイミングでは非常に大事です。

「人は絶望的な気持ちになった時にゆっくりと自殺をするんだな」

ひきこもり期間中に私自身が感じたことです。実際に一般的なケースとしても絶望的になって、未来に期待しなくなる人は暴飲暴食をしたり、食事を取らなくなったり、家族や友人との関係をわざと悪化させたりと自分を大事にしなくなります。「自分を大事にしたって明るい未来は来ないから」と思っているかのようです。それはまるで5年計画で寿命を削っていきながら「これから消えます。さようなら」の準備をしているように見えました。

そんな自暴自棄になっている気持ちの裏側には「幸せになりたい」「人生を楽しみたい」という気持ちが隠れています。もちろんそっちの方を選ぶべきだというのもわかっています。「消えたい」「生きたい」「消えたい」「楽しみたい」この気持ちの間を行ったり来たりしている間は自分が自分であるだけで精一杯です。「消えたい」のか「生きたい」のかさえ、選べません。ですから、人に何かを伝えたり、助けを求めたり、相談するのは無理なのです。

ひとりでやりたいように過ごしている中で「これなら生きられるかな?」という仮説が見え

てきたり、「とりあえずこれを試してみよう」と思うことができると、それに関して人と関わることができるようになります。最初の例で言うと「俺、良くわからないけど巨人を応援してみようと思う」ということができれば、かろうじてでも輪に入ることができるのです。

そんな仮説を持って、部屋から出てくるのを辛抱強く待ってほしいなと思います。そして、暗闇の中を何日も何ヶ月も何年も彷徨ってようやく見つけた「仮説」を大事にしてください。「仮説」の正当性や実現可能性ではなく、ようやくひとつ掴んだものという意味で大事にできたら良いと思います。

どんなテーマでもひとりぼっちで悩むのをやめてくれることは奇跡が起きたような変化です。それにつなげるためにもステップ1を慎重に取り組んでいただけると嬉しいです。

ちなみに例外的にひどい落ち込み状態でも心を開ける相手がいます。それは同じように絶望感を感じている人やかつて絶望していた人です。その境地に達したことがある人はその嵐のような葛藤状態を良く知っています。間違っても「で！　どっちなんだ!!」とは言わないのです。ステップ2で人と関わる時に願わくばドリームキラーではなく、そんな共感者がいてくれたら素敵ですね。

ステップ2

部屋からリビングに出られる

私がひきこもっていた時には部屋の中でずっとウトウトしているような時間を過ごしていました。最初のうちは「朝だ」「夕方だ」「1日が終わった」という意識がありましたが、最後の頃は「今が何時なのか?」「何日寝て、何日起きていたのか?」もわからないほどでした。

そんな毎日が続いたある日、何かのスイッチが入ったように頭の中が少しだけスッキリとして目が覚めた日がありました。それはやろうと思ってできるような感じではなく、神様がラストチャンスをくれたようなスッキリさでした。「今が動く時なのかもしれない」そんな気がして、フラフラとリビングに出ていったのを覚えています。

ステップ2を実行するときのコツは「ギャップを理解する」ことです。

ずっと部屋にこもっていた人がリビングに出る（この表現は例えなので部屋のレイアウトによっては違うかもしれませんが、家族と関わる段階に入るというニュアンスです）というアクションを例えていうならば、路上教習初日のドライバーのようなものです。知らない街ではないけれど、車道の真ん中からの景色を見ながら慣れない車を運転する。緊張するし、不安だし、何だかふわふわした感じになるかもしれません。そんな中で慣れているドライバーが追い越したり、スピードを出して通り過ぎていく。場合によっては「いや!　こんなに怖いの無理かな!?」と思ってしまうかもしれません。

初めての運転でも、教習車に道を譲ったり、ゆっくりと運転してくれる人たちが多かったら安心して路上教習できます。逆に「俺の運転すごいだろ」といわんばかりのドライバーと遭遇したら怖くなります。このギャップを理解することが大切です。

リビングにでてきたのは太陽の光に弱い、音の刺激に弱い、視野が狭い、あまり言葉を発していない、心がまだまだ弱っている…そんな状態の我が子かもしれません。

「待ってました！　学校どうするの？　部屋を片付けたいんだよね！」のようにいきなりトップギアで関わる人は少ないとは思いますが、どのくらいの加減で関わったら良いのか？　それがこの2章のテーマです。どう対応して良いかわからずにギクシャクしてしまうことも避けたいですし、関わり過ぎて再び部屋にこもってしまうのも避けたいですよね。

ここで大事なのは「学校に行く交渉を始める」ことではなく「リビングに楽に出てこられるようにする」ことです。

路上教習の例えに戻って表現すれば、運転中に見たきれいな景色や優しく止まって待っていてくれる人、自分でもできそうだなと思える瞬間などがあれば「運転って楽しいかもしれない」と思うかもしれません。積極的に関わらずにリビングに出てこられるように背中をそっと押す。これがポイントです。この章の内容を実行し終える頃にはリビングで楽しく、リラックスして会話ができるようになっていると思います。

ステップ2

ポイント① あいさつをして反応を確かめよう

あいさつは元気な人にとっては当たり前のこと。
だからこそ、そのあいさつに心の内面があらわれます。

「おはよう」とあいさつをした時に
・「・・・」と無言で反応しないのか…
・「・・・」と無言だけれど少しこちらの方向を見たのか…
・「・・・」と無言だけれど軽くうなづいたのか…
場合によっては「チッ」と舌打ちをされることもあります。その反応を見ることで「あいさつを清々しいコミュニケーションとはまだ受け取れないんだな」とわかります。

声を出してあいさつに答える場合でも、「ああ」と低く応じることもあれば、「おはよう」と一応発音してくれることもあります。

このように「おはよう」の発音を良く聞くだけでも、義務的な「おはよう」なのか、だるそうな「おはよう」なのか…少しユーモアを感じさせる「おはよう」なのかの違いがわかるようになります。

その発音の違いは声をかける保護者側にもあります。
松岡修造さんのように元気よく「おはよう」と声をかけたらおそらく「圧」を感じてしまいます。同じ「おはよう」でも親の批判的な感情が感じられる「おはよう」もありますし、反応をチェックするような「おはよう」もあります。もちろん、その言葉から「圧」を感じれば「チッ」と舌打ちする可能性も高まります。

そんな反応をしてしまって気分が落ち、「もう部屋から出るのは嫌だ」と思われてしまったらステップ1に逆戻りです。

最近の中高生は「VOCALOIDの声は押し付けがましくなくて良い」という子もいます。生歌は「悲しいんだ！」「愛してる！」と感情や情熱を込めすぎて「圧」を感じるのだそうです。「おはよう」も気負わずに魂や感情を込めすぎずにさらっというのが良さそうです。

そして、その反応を10段階（0最悪 10ご機嫌）で観察して、手帳にメモをしてください。小さな変化やバイオリズムのようなものがつかめるようになってきます。

ステップ2

ポイント② 日常的な反応をする／過剰な反応はNG

カウンセリングや学校で悩み相談をしていると「つらくてつらくて仕方がありません。毎日、悩んで泣いています。でも…それじゃいけないと思って…」のように話がマイナスからプラスに転じる流れになる時があります。

それを聞いていた、教員やカウンセラー、保護者が前のめりになって「それじゃいけないと思って⁉（どんな明るい話を思いついたかな⁉）」と聞き返します。

その食いつく姿が

・今まで真剣に聞いていたようだったけれどマイナスの話はいらないんだ。
・険しい崖を登ってようやく「それじゃいけない」という場所まで来たのにその先があるのが当たり前みたいな対応でかぶせられると引いてしまう。
・結局自分の都合が良い方向に操作しようとしているだけなんだ。
・また、1を100に加速させられる。

といういろいろなメッセージとなって子どもたちに突き刺さります。

例えば誰かの服にケチャップのシミがついていたとします。「シミがついているよ」と話題にしたり、「シミ取り買ってくるね」と反応すれば「あなたは今日、服にシミをつけていました」という記憶を相手の中に深く刻み込みます。

でも、誰もそれを指摘せずに本人も気づかずに家に帰って、洗濯したとしたらもしかしたら大きな問題にならなかったかもしれません。

反応をすること。特に大きな反応をすればするほどそれを特別扱いして、話題として取り上げるということでもあります。半年ぶりに部屋に篭るのをやめて、リビングに出てきた人に「うわ！　出てきた!!」という反応をしたら傷つきますよね。拒食症の人が食事をした瞬間や場面緘黙の人が喋った瞬間に「うわ!!」と反応するのはせっかくの勇気を台無しにしてしまいます。

悩んでいた人は普通の生活に戻りたいのです。「うわ！　動いた!!」と動けなかった頃を引き合いに出すように反応すれば、「動けなかった時期」を思い出させ、前向きな気持ちを殺してしまいます。それよりは「おはよう！　今日は寒いね」のような反応で日常生活に（何事もなかったかのように）招いてあげてはいかがでしょうか？

ステップ2

ポイント③ 非言語的なメッセージに注意する

不登校・ひきこもりが深刻な状態になってしまった中高生に話を聞いていると相談できなかった理由に「忙しそうだったから」というものがよくあります。あるいは保護者が「はぁーーー」と深くため息をつく様子を見てからは「私が苦しめているんだ」と思って、ひとりで抱えるようになったというケースもよくあります。

私たちの発するメッセージには大きく分類して「言語的なメッセージ（言葉）」と「非言語的なメッセージ（しぐさや声の調子など）」があります。「大丈夫だよ」（言語的なメッセージ）といいながら、肩を落とし、涙を流している（非言語的なメッセージ）…そんな人がいたら、みなさんはどう解釈しますか？「大丈夫じゃないな」と思うと思います。人は非言語的なメッセージを優先して解釈するのです。

どれだけ伝えるメッセージを工夫しても表情が暗かったり、怒っていたらその非言語的なメッセージが伝わってしまいます。では、どんな非言語的なメッセージを発している人が悩んでいる人にとって心地が良いでしょうか？

・樹齢を重ねた大きな木のような人
・情熱が燃え盛っている炎のような人

・コンピューターのような冷静で正確な人…

「私は縄文杉…」と大きく深呼吸してから我が子を見れば「８０００年の歳月からしてみたら、ずいぶん小さいところで細かく立ち回っていますね」と見えるかもしれません。そんなゆったりとした雰囲気の人に癒される瞬間はありそうですね。

時として「私は燃え盛る情熱の炎」と思いながら我が子を見れば「元気がないな！　気合だ！　お前も命を燃やせ！」と言いたくなるかもしれません。場合によってはこれが良い場合もあります。

コンピューターのように冷静に分析して、表情をあまり変えずに「改善すべき3つのポイントとチェックリスト」のようなわかりやすい指針を出して欲しいと思うかも知れません。

今のお子さんにとってはどういう雰囲気、非言語的なメッセージを発する人と関わるのが良さそうか想像してみてください。そして、自分自身がそんな雰囲気をまとった存在であるかのように振る舞うだけでも非言語的なメッセージが大きく変わります。

ちなみにカウンセリングをしていると「太陽」「縄文杉」を選ぶ保護者がとても多いです。太陽から出た光は約8分後に地球を照らします。ピカッと光ってすぐに「どう？　明るくなった⁇」とはやらないのです。その安定感、反応を求めて一喜一憂しないのも太陽の良さかも知れません。

ステップ2

ポイント④ 日々の小さな違いを観察して変化を見つける

「なかなか人って変わらない」という一方で、私たちはどんどん変化していっています。中学生の頃と比べて、好きな食べ物や好きな異性の好みは変化していませんか？

私たちは街を歩いている場面でも「目的地を意識している時」と「いい香りのするパン屋に気づいた時」では歩き方、歩くスピードが変化します。私が面談やカウンセリングをしている時も刻一刻と状態は変化します。進路の話からゲームの話題に切り替わっただけで、子どもたちのテンションが上がり、保護者のテンションが下がったりするのです。

「人は常に変化し、ゆらいでいる」

という前提でお子さんを観察してみてください。夕飯がカレーライスの日とニラレバの日ではテンションが違うかもしれません。月曜日と土曜日ではテンションが違いますか？　お昼の12時と夜中の0時ではどうでしょうか？

お子さんの生活態度を変えようと相手を見ずに正論をぶつけるのはひとつの方法ですが、あまりうまくいきません。それはタイミングがずれているからです。

一般的に夕方から夜にかけては「今日も1日無駄にしてしまった」という思いで自分が嫌いになっています。そして、夜中になるにつれて、街が眠りにつくので気持ちが解放されて余裕が出てきます。そして、1時間、2時間とその余裕な時間が続くと気分が上がってきます。

たまたま保護者が夜更かしをしていて、深夜のゲームの合間に飲み物を取りにきた子どもと鉢合わせた時に大事な話ができることがよくあります。街が静かで煽られる感じがなく、保護者も深夜なので圧が少なく、ゲームがうまくいって自己肯定感が上がっているタイミングなのかもしれません。

ここで早合点しないで欲しいのは「大事なのは夜話しかけること」ではないということです。この本に書かれていることは一般論です。お子さんによって答えは違いますし、日によって答えが違います。

・以前よりもカーテンを開ける日が増えた
・起きる時間が1時間くらい早くなった
・食事を残さなくなった

など、実際にお子さんの小さな違いを観察して、お子さんの場合のパターンを見つけることを試みてください。

あいさつへの反応をメモした手帳に追加で気づいた違いをメモしていくと、気づきにくいパターンを客観的に把握できるようになってきます。

ステップ2

ポイント⑤ 言動・姿などを描写しない

自分が何かをしゃべっている時に
・「えっと」ってよくいうよね
・すぐ鼻をさわるよね
・まばたきが増えてきたね
と自分自身がしたことを描写されると、心の中に侵入されたような不快感を感じませんか？


自分が無意識にしていることが相手に評価される、相手の反応につながると思うとその動きに注意が向いてしまいます。「自分はちゃんとしゃべれているだろうか？」「おかしな表情をしていないだろうか？」指摘されなくても自分に自信が持てず、無意識な動きを信用できなくなっている時にそんなことを言われたら人前に出られなくなります。ちょっとした指摘が数日から数ヶ月に渡って、頭にこびりついて、普通に笑ったり、発言したりすることができなくなるのです。

「自分の意見を言わなくなる」

「顔をマスクや帽子、髪の毛で隠すようになる」

「家族に会うのを避けるようになる」

これは過去に自分の言動や姿を話題にされた経験のある子に多い傾向です。大人でも「顔が赤くなった」「手に汗をかいている」「目が泳いだ」と言われたことをきっかけに人と関われなくなる人がいます。

気をつけたいのは「顔色が悪いな」「体調が悪そうだ」と気づいたような時です。すぐに「顔色が悪いね。休んだら」と言ってしまうとその描写が元で不調を自覚して、コンディションを崩してしまいます。顔色が悪くなるほど調子が悪いのに「あなたの顔色が悪いことについて私は気づいているし、対策を話し合いましょう」という流れがありがたくないのは理解していただけるところかと思います。

逆に「今日は顔色が良いね」というのも同様です。「私はあなたのことをチェックしていますよ」というプレッシャーは「正しい顔色でいなくてはいけない」という流れにも繋がりやすいので注意が必要です。

人と人が向き合って「自分について」や「相手について」をテーマに話すという流れは悩みが深い時期にはタブーです。自分でも相手でもないゲームやYou Tube、テレビ、天気のような話題を選ぶことで言動や姿を描写するリスクを抑えることができます。

ステップ2

ポイント⑥ 間接的なメッセージを活用する

電車に乗っていると別のグループが話している会話が耳に入ってきてしまうことがあります。「ねえ、お花見どうする？　千鳥ヶ淵がいいかな？　目黒川沿いもいいね」そんな時、私たちは無関係だと思いながらも「そっか、そろそろ桜のシーズンか…」「そういえば目黒の…」と頭の中が少しだけ影響を受けます。

多くの場合、それを「操作された」とは私たちは思わないものです。でも、実際には操作されます。完全に何を考えさせるかまでは選べなくても「桜」を想像させることはできるかもしれません。

つまり、「お子さんは部屋から出てこない。だからリビングでの会話は関係ない」ということではないのです。リビングで言い争いをしてしまえば、それを部屋で聞いていて、自分を責めたり、怖くなってしまうかもしれません。逆にリビングでの会話の中に「お年玉」という単語が含まれていて密かにテンションが上がっていることがあるかもしれないのです。

私が家庭訪問をする際に最初の頃はお子さんが部屋から出てこないケースはよくあります。玄関先やリビングで少しだけ保護者と会話をして本人には会わずに帰る。それはまさに間接的なメッセージに注意するべき場面です。

「すみません。せっかくきていただいたのに」という保護者の言葉に間違っても「そうですね」と応じてはいけないのです。それは「あの人は部屋から出なかった自分を否定的に思っている」と部屋の中からは聞こえてしまうからです。これが間接的なメッセージです。

このような場面では保護者としゃべっているように見えて、実際には部屋の中で姿を見せないお子さんと話をしているのです。次のように答えると印象が違ってきます。

「いきなり知らない人が来て、はいはい！　って出てこられるようだったら、学校に行けているかもしれませんね。…僕もゲームが好きなので、そんな話がそのうちできたら良いなと思います。スプラトゥーンとかフォートナイトとかよくやります。僕もひきこもりが長かったですからゲームには助けられました。ゲーム大事です！」

実際にドアのすぐ向こう側でこのやりとりを聞いている子はいます。今日は部屋から出られなかったけれど「フォートナイトの話ならできそうだから次は話せるかもしれない」と自分なりに手がかりを探っていたりするのです。

リビングでの会話全てを気にするのは難しいかもしれませんが、「部屋の中で聞いている」と常に意識をしておくことはマイナスを防止するためにもプラスを膨らませるためにも重要だと思います。

ステップ2

ポイント⑦ タイミングを合わせて「桜」的な対応をする

このステップ2「部屋からリビングに出られる」という段階ではまだ恐る恐る様子を見ているようなところがあります。そんな時にあまり積極的に対応されるとひいてしまいます。

「探しているもの決まっていたら声をかけますよ！」と思ってしまうようなタイミングってありますよね。洋服屋さんに入って、上着が欲しいのかパーカーが欲しいのかまだ決めていないようなタイミングで「何かお探しでしょうか？」と声をかけられると、「いえ別に…」と距離を取ろうとしてしまうのに似ています。

桜の木はいつも同じ場所にあって、春になると花を咲かせます。決して、自分から移動して「桜いかがですか？」と声をかけてきたりはしません。「あーまだ散らないで！」という声に応じて、花を散らさずに待っていてくれることもありません。だからこそ私たちは夏でも秋でもなく、春先を狙ってお花見を計画して、わざわざ桜の木の下まで行って桜を楽しむのです。

この「部屋からリビングに出られる」時期には、店員さんの対応よりも桜的な対応の方が向いています。

・朝、7時くらいに出てくれれば朝食を一緒に食べられるよ。
・夕方、17時くらいにスーパーに買い物に行くよ。
・18時くらいは台所にいるから手伝ってくれると助かるよ。
・21時くらいにはテレビを見ているから話しかけやすいよ。
・LINEを送ってくれれば反応できるよ。

といわゆる「桜の咲く時期」だけ伝えておいて、自分のコンディションや気分に合わせて出てきても良いし、出てこなくても良い状況を作っておくのです。

・タイミングを自分で選んで、好きな時に参加できる。
・明日の自分のコンディションがわからない。
・1時間後のコンディションもわからない。

そんな状態の人にとっては「調子が良くなった時に合流できる場」があると助けになります。

「調子が良い時には夕飯作るの手伝ってね」

と一度だけ声をかけて、夕飯を作るタイミングを一定にしておくと参加しやすくなります。LINEで「買い物行ってくるよ！　何かいる？　一緒に行く？」とたまに断りやすい形で誘うのも良いと思います。決して、圧がある押し売りにならないように、お子さんが自分のタイミングでお花見に来やすいように準備をしてみてください。

先を見通して

家での生活が楽にできるように

ステップ2では「リビングに安心して出てこられる」ことを中心に進めてきました。恐る恐る家族がいる場所にでてくることは勇気がいることです。そこで嫌な思いをすることなく、徐々に居場所がある気がしてくれれば、活動範囲が家全体に広がります。それはステップ３の「家での生活を満喫できる」につながっていきます。

誰もが学校に行っている社会では「学校に行っていないのはおかしい」というような考え方になってしまうのは当たり前かもしれません。でも、学校がない時代、ない地域では「学校に行けるかどうか？」なんて誰も考えずに幸せな毎日を送って人生を全うします。

学校は人がより幸福になるために必要だから作られました。

今、もしお子さんが学校のことで苦しんでいるのだとしたらそれを強要することが幸せにつながるでしょうか？

多くの人が見落としてしまっているのは、私たちは「自分の人生（＝自分の時間）」の質を良くするために学校を利用しているということです。苦しめ、追い詰め、人生をつまらないものだと思わせるためでは決してありません。

そして、最近は「自分の人生」がない人が増えてきました。

会社に通って、会社に言われたことを頑張る。週末は疲れて寝てしまう。

そういう人が定年退職をすると「自分の人生」がないので一気に衰えてしまいます。場合によってはうつ病のような症状に悩まされます。

一方で定年退職後に生き生きと自分がやりたかったことに夢中になれる人もいます。

私は小学校から高校卒業までずっと勉強をしてきました。頭に鉢巻きを巻いて、「合格するぞ」と叫びながら塾で勉強をしてきました。それは幸せになるためだったと思います。そして、希望する国立大学に合格し、下宿をするために3月下旬に引っ越しました。新学期が始まるまでの10日あまり…何をしていたと思いますか？ せっかく自由になったのですからゲーム三昧でも旅行三昧でも良いはずです。友だちと遊びに行くこともできました。でも、受験で使った参考書を開いて適当に問題に答えて10日を過ごしたのです。

20年近く、勉強しか体験していないのにどうして「自分がやりたいこと」が思いつくでしょうか？「カラオケとかゲームでもさ…」って言われても楽しみ方を知りません。参考書の問題を解くことしかしていないのに他のことができるようにはならないのです。

不登校・ひきこもりとは、わんこそばのように次から次へと何かを与えられる生活から解放されることでもあります。今までは授業についていくことや競争することでゆっくり時間を取ることができなかった子が「自分の人生(=自分の時間)」について向き合うことができるチャンスでもあります。

・自分はFPS(銃で撃ち合うようなゲーム)が本当に好きだなー
・自然と向き合っている時に気分が良くなるんだな
・競争って本当に嫌いなんだな

そのように自分の時間を楽しむ第一歩が「家での生活が楽にできること」です。誰にも気兼ねなく心が動くままに過ごしてみて、自分の好き嫌いを実験できる場は絶対に必要です。

そして色々な自分に気づいていきながら「学校はこれを勧めてくるけれど、私はこうやって生きたい。私の人生の時間はこうやって使う」と考えられるようになれば、学校に振り回されることなく、自分の人生のために学校を生かすことを考える余裕も出てきます。ステップ3ではそんな家での生活を満喫するコツをお伝えします。

ステップ3

家での生活を満喫できる

私たちはひどい悩みにとりつかれてそのことばかりを考えて過ごしていると、それ以外のことが思い出せなくなってきます。自分が悩み始める前のことを思い出せなくなる人も少なくありません。それは数ヶ月間入院していて、ちゃんと歩けないくらいに足が衰えてしまうことに似ています。悩みの深さや期間にもよりますが、もしかしたらお子さんにはそんな「悩み以外のこと」に対するリハビリが必要かもしれません。そして、頭の中が「悩み悩み悩み…」と100％になってしまったら「楽しい気持ち」「憧れる気持ち」「夢中になる気持ち」などのスイッチは全部オフになっています。そんな「悩みだけがオン」になっている状態で活動を続けているといろいろな出来事が悩みと関連してしまって、また調子を崩してしまうかもしれません。

「楽しい気持ちをオン」「憧れる気持ちをオン」といろいろなスイッチをオンにしていくためにも、このステップ3の「家での生活を満喫する」期間は重要です。まずは過去に好きだったことを思い出していくなかで、昔よく使っていたスイッチをオンにします。例えばこんなスイッチが蘇ってくるかもしれません。

・すき焼きを食べて有頂天になっていたことがあったな
・好きなアニメを何度も何度も繰り返し見ていたな
・夢中になってスポーツを楽しんでいたことがあったな
・メイクやファッションにすごく興味があった時期があったな
・昔はよく粘土細工を作って遊んでいたな

そしてこのステップの後半では過去に経験がないカテゴリーにも手を伸ばしてみることもおすすめしています。不登校・ひきこもりは一見すると良くないことだらけに見えますが、世間から距離がある今こそ新しいことを始めたり、ネタを仕込むチャンスといえます。余裕があれば趣味の習い事などを始めてみるのも良いと思います。

「家で満喫しすぎるとだらけてしまうのでは?」と心配される保護者の方が多いと思います。確かにやり方によってはゲーム依存などになったり、ひきこもり傾向を強めてしまうことにもなりかねません。問題行動が悪化するかどうかのひとつの境目はコミュニケーションです。ゲーム機を与えて放置するとゲーム依存になる危険性が強まりますが、ゲームをコミュニケーションのツールとみなして会話をすることをしっかり行っていれば、そのリスクはだいぶ下がります。プラスの感情を思い出すことなく学校に復帰させてしまったら、何も楽しいことも張り合いもなくただただ我慢して通っていることになってしまいます。そうなると長くは続きませんので、ここで生きる喜びを思い出してもらうことはぜひやっておきたいことです。

このステップ3を読む時の注意点ですが、他のステップと比べてこのステップの項目はあまり順番は関係ないのでお子さんの性格や興味、話の流れで関係がありそうなところを生かしてください。このステップが終わる頃には「いろいろな感情」が出てくるようになると思います。

ステップ3

ポイント① 小さな好き嫌いを探す

家での生活を満喫するには「好き嫌い」が大事です。好きなことをしていれば気分は上がりやすくなりますし、行動量も増えがちです。最初のうちは「何もできなくて自分を責める」ということを防ぐために「少しだけ何かができたような気がする」という体験を増やしていきたいところです。

大きな人生の進路や趣味のようなテーマは簡単に選べないですし、「人生はこうあるべき」「進路はこうやって選んだ方が良い」「こんな趣味を持っているといい」という誰かの価値観が意外に刷り込まれているので、選んでもワクワクしないことも少なくありません。

そんな時には人の影響を受けにくい「小さい好き嫌い」を探します。

「コーラ」と「烏龍茶」のペットボトルをリビングに用意しておいたらどちらを飲むだろうか？さすがに「親の評価を気にして烏龍茶を選んだ」ということは少ないと思います。

ほかにも

・他の家族に気を使わなくて良い時間帯にテレビのどのチャンネルを見ているか？
・Ａｍａｚｏｎプライムやｎｅｔｆｌｉｘのどの動画を好んでみるか？

・ＹｏｕＴｕｂｅのどんなネタが好きなのか？
・どんな漫画を読んでいることが多いか？

などよく観察して好き嫌いの傾向をつかんでください。小さい好き嫌いほど人の目を気にしませんから、他人に汚染されていないお子さんご本人の好き嫌いである可能性が高いです。

注意したいのは「言動・姿の描写」にあたるような「あなたこれが好きだよね」という発言は控えることです。「ああ、これが好きなんだ」という傾向をつかむだけにしておいて、本人の口から「これいいよね！」といい始めるのを待ちます。

「これいいよね」という話が出始めたら興味を持って話を聞きます。ただ、大事なのはできる限り質問をしないということです。「どこが良いの？」「どういうきっかけでそう思ったの？」のような質問をしてしまったら台無しです。「ん？？？（興味があるけれど意味がわからないな）」という反応をして解説してもらえると、いろいろな価値観や気持ちを話してもらえることがあります。

ステップ3

ポイント② 昔、好きだったものをヒントにする

過去に好きだったものは新しいテーマよりも始めやすいですし、楽しむポイントがよくわかっています。もちろん、「嫌なことがあったからもうやらない」と思っているケースもありますが、過去に好きだったものにはたくさんのヒントが隠れています。

過去に好きだったものを活かすにはコツがあります。それは「うまくいくかどうかを気にしない」ということです。

今日1日ごろごろしていたけれど、気持ちは休まらなかったし、自分を責めてしまったという経験をしたとしたら、明日も1日ごろごろするのは得策ではありませんね。ごろごろしないためには「適当でも良いから別のこと」が役に立ちます。

例えば、昔卓球が好きだったからやってみたけれど、昔ほどはテンション上がらなかったし疲れてしまった、という結末になるかもしれません。しかし、1日だらだら過ごすのとどちらが良いのだろう？ と比べるヒントにはなります。

そして、卓球は違うなと思ったので、昔ハマっていたスライム作りをやってみたら、昔よりもＹｏｕＴｕｂｅなどの情報もたくさんあって意外にもすごいスライムが作れてしまった、という結果に

なるかもしれません。

もし、好きだったものリストを20項目作れば、1日1個試すだけでも「1日ごろごろしてしまった」というストーリーではない未知の1日を実験することができます。好きだったことが20日分もあれば、その中にましな1日があるかもしれません。もちろん大事なのはリストを作ることではなく、好きだったものをたくさん思い出すことです。


好きだったことを思い出すにはコツがあります。「好きなことを問題解決に役立てよう！」とつなげないことです。そうしてしまうと「問題解決に役立ちそうな好きなことなどない」と思考が止まってしまうからです。

「小さい頃によくカブトムシを捕まえてきていたね！　あれ楽しかったの？」

「そうだね！　結構楽しかったね！」「そうなんだ！　他に何にハマっていたっけ？？」

「あとは…」「そうだった！　懐かしいね!!」

というような会話を増やすと好きだったことをたくさん思い出すことができます。ほかにもテレビ番組などをきっかけにすると成功率が上がります。大事なことは「だったらやってみよう」と保護者が勧めなくても本人が「そういえば好きだったな」と思い出すだけで十分だということです。そのうち「これやってみようかな」と言い始めることでしょう。

ステップ3

ポイント③ ゲームなどで喜びを味わってもらう

人には喜びを感じるポイントがあります。「役に立った時」「仲間とつながっている感じがした時」「強くなっていると感じた時」「大事なものを集めている時」「大きなゴールを達成した時」「謎が解けた時」「感謝された時」「カッコ良い自分でいられる時」…

学校に行ったり、部活をしたり、アルバイトをしていればそういう経験をすることも多くなりますが、逆に部屋にこもっていたらなかなかそれらを経験することができません。だからこそ保護者は部屋にこもっていないで社会に出ていってほしいと願うわけですが、実はゲームの中にも上記のポイントが全て存在しています。

「ドラゴンを倒しに（大きなゴール）」「戦士や僧侶や魔法使いといった役割の違う人とパーティを組んで（仲間、役に立つ）」「レベルを上げたり（強くなっている）」「アイテムを集めて（集める）」「謎を解きながら（謎解き）」「大活躍して（カッコ良い）」「ありがとうと言われる（感謝）」というプロセスの中に多くの喜びが含まれています。

実際に社会に出ればゴールが明確ではない作業を頼まれたり、力を発揮できなかったり、行き詰まったり、評価されなかったりしてなかなか満足のいく喜びにつながりません。ましてや学校の勉強はすぐに役に立つわけでもないし、個人戦だし、ゴールは見えないし、感謝されないし、カッコ良くもない。そんな現実社会で喜びを味わえなさすぎて、心が枯れてしまった人にとってはゲームは擬似的にそれを味わえる最高の場所でもあります。

もし学校に行かずに時間があるのだとしたら、1つくらいは大作をクリアして、たくさんの喜びの果てにある達成感や感動を味わうのも良いかもしれません。

これはイラストに熱中したり、作曲をしたり、メイクにこだわってみるのも同じです。その行動の中に「カッコ良い自分」「ゴールの達成」「仲間」「感謝」などが含まれているからです。

最近はモチベーションが低すぎる若者も増えています。ゲームをプレイするのはもうめんどくさいから誰かがプレイした動画で良いや、というタイプです。自分でプレイするよりは当事者意識は薄くなりますが、それでも主人公に感情移入したり、実況している人と同じ視点でゲームを擬似的に楽しむことはできそうです。

アニメを何時間もかけて全話一気に見ることで、主人公と自分を重ね合わせたりして気持ちが切り替わることもよくあります。積極的に参加するような関わり方だけでなく、見学するような関わり方でも喜びを味わうことができることもありますので、ぜひ試してみてください。

ステップ3

ポイント④ 見た目を整えてみる

朝起きた時の自分の顔を見て、「ああ今日は無理だな」と思うという話は、男女を問わずによく聞きます。私たちにとって、自分の見た目は非常に大きな要素なのです。

高齢者施設や避難所などで髪の毛をカットしたり、お化粧を手伝ったりする活動をしている人がいますが、気力を失っていたような人や疲れ果てていた人が別人のように輝くことがあるそうです。自分のことが「かわいい」「かっこいい」と思えるだけでいわゆる自己肯定感が上がり、目に輝きが戻ってきます。

不登校・ひきこもりの状態が続いていても、家の中で活動ができるような段階になると筋トレやダイエットを始めたり、お化粧などを始める子がたくさんいます。

例えば筋トレをして、鏡を見て、自分の体つきが変わってきていることに気づき始めると「家の外に出ても通用しそうな気がする」という気持ちが少しずつ出てきます。コンビニまで行けそうな見た目と、駅まで行けそうな見た目と、表参道を歩けそうな見た目が違うのは、不登校・ひきこもりをしていなくてもあるのではないかと思います。「この体なら駅まで行ける」そう思うための筋トレならばぜひ応援したいところですね。

ただ実際に「筋トレしたい」「お化粧したい」「髪の毛を染めたい」とお子さんが言い始めた時に「学校に通えるようになってから」とか「自分で買いに行きなさい」のように壁を作ってしまうこともあります。その壁に抗えずに筋トレを諦めてしまうのはもったいないですね。

「プロテインを買ってこい！」「夕飯は卵と…」とやたらと注文や文句が多く、「そんなの自分でやってよ」と言いたくなるのはよくわかります。場合によっては家族用の食事とお子さん用の筋トレ食を別々に作らなくてはいけなくなったりしますので、家族の負担も少なくはありません。

家族はそんなに大変な思いをして、何をサポートしているのか？

それは、お子さんの自己肯定感が上がり、目に輝きが戻ってくるようにサポートしているのです。そのような状態になればいろいろな困難に自分で立ち向かうことができるようになります。

そうするために必要なプロセスが筋トレや美容などの自分の見た目を整える作業です。そして、学校に通い始める段階になった時に実はこの筋肉や美容が生きてきます。そのあたりはステップ6ポイント④の「外出したい衣服や靴を用意する」でお伝えします。

ステップ3

ポイント⑤ 創作活動に挑戦してみる

創作活動というのは「今ここにないものを生み出す」ということです。つまり、近い未来を想像しながら、作りたいものをイメージしていく作業です。創作＝未来という気持ちの切り替え方には希望があります。

突然ですが、みなさんは悩みというのがどこにあると思いますか？

社会全体とか、学校とか、家庭の中に悩みの種があると考えることもできます。ですが、それを悩みと考える人にとっては悩み、そう考えない人にとっては悩みではないと言えます。わかりやすく言い換えると、悩みというのはその人の頭の中がネガティブな状態になることを言います。その人の周りがどれだけ過酷な状況でも頭の中がネガティブになっていなければ悩みではありませんし、逆にどれだけ恵まれた環境にいても頭の中がネガティブであればそれは悩みです。

創作活動をする時にはまず作品の大まかなイメージを考えます。それは今ここに存在しないものを頭の中でイメージしている状態です。そして、その時は創作活動に脳を使ってしまうので、ネガティブなイメージを同時に脳内で処理するのは難しくなります。

さらに作品自体を作るためには多くの場合、手元をよく見たり、音をよく聞いたりする必要があります。手元をじっくり見ながら集中している時には昔のトラウマを思い出すことはできませんから、創作活動中は頭の中のネガティブなイメージや感情に触れる機会が減ります。イラストを描いたり、作曲をしたり、粘土細工を作ったり、プログラミングをしたり、小説を書いたりしている間は悩みから離れることができるのです。

創作活動するには画材を用意したり、ＤＴＭという作曲のための機材をそろえたり、粘土を買ってくる必要があるかもしれません。それは手間がかかるかもしれませんが、そのおかげで脳内は創造的になり、近い未来を考えたり、作品のことを考えることに集中できます。これらの創作活動は気持ちを整えるだけでなく、いざ元気になった時に名刺がわりに「私はイラストを描きます」と自分を説明する１つの切り口になることもあります。

何かを作ってみたいという話が出てきたら、最低限の道具を揃え、上手いとか下手とかやり方がどうとかではなく「その作業に没頭する時間を作ってあげる」と考えてサポートをするといいと思います。

ステップ3

ポイント⑥ 視点を変える工夫をしてみる

私たちは立場や視点が変わると物の考え方が変わります。高校生がアルバイトをきっかけに店員さんの気持ちがわかって、飲食店でのお客としての振る舞いが変わることがよくあります。食器を端に寄せてあげたほうがいいかな、お会計をまとめてあげたほうがいいかな…。そのような配慮は自分が店員さんの側に立つことで初めて気がつくことができます。

同じように家の中にずっといて、子供という立場でものを考え続けていれば、自ずと同じような結論にしかたどり着かなくなってしまいます。また、旅行に行ったことをきっかけにいろいろな人の生活に触れ、自分の生き方を考え始めた高校生もいます。さらに、漠然と漫画家になりたいと言っていた高校生が実際に漫画家さんの仕事を見学し、その漫画家さんにアドバイスをしてもらうことで大きく視点が切り替わったケースもあります。

実際に視点を切り替えて見てみると、ただ言葉で説得されるのとは違う気づきが得られます。お家の中で

・ディズニーランドに行ってみたい
・アニメイト（アニメのグッズなどが売っているお店）に行ってみたい
・この映画が流行っている

というような話が出た時に実際にそこに行ってみるのは、視点を切り替える意味で価値があります。外出をして大きく視点を切り替えるのが難しくても、家の中での立場を少し変えることでも視点が切り替わります。

それは、今までは子どもとして何かを教わる立場だったのに、スマホの使い方を親に教えはじめて視点が切り替わるというようなことです。同じ親子関係でも役割を切り替えてみたり、立場を入れ替えてみることで視点を切り替えられるのです。

他にも

・いつもとは違う場所に行ってみる
・いつもとは違う時間帯に活動してみる
・自分が絶対にやらないような行動をしてみる
・ダーツや釣りのような普段やらないようなことに挑戦してみる
・尊敬していたり好きな先輩、有名人の真似をしてみる

こんな切り替えをすることで、不慣れさからいつもの得意なやり方がうまく使えずに新しい境地が見えてくることもあります。考え方を変えるよりも視点を切り替えた方が結果として考え方や気持ちが切り替わることも多いので、ぜひ試してみてください。

ステップ3

ポイント⑦「自分のことが好きになる」活動をする

1日中ゲームをしていたり、寝ている自分が好きな人はおそらくいません。それでもそれをするのが精一杯な時にはそれを正当化して、生きていくしかないのです。そんな中でもしも

・部屋に山積みになっていたペットボトルを捨てられた
・既読スルーを続けていたLINEの返信をすることができた
・久しぶりにお風呂で頭をしっかりと洗えた
・夕飯の手伝いをして家族に料理を喜ばれた
・1時間家から出て散歩することができた

というような些細なことでもできたとしたら、ほんの少しだけ自分が好きになることができます。特に誰かの役に立っていそうなことや未来の自分の役に立っていそうなことは大きな力になります。

世の中が戦後の焼け野原や被災地のような状態ならば「やってほしいこと」がたくさんありますし「ありがとう」と感謝されます。しかし、今はいろいろなものが溢れている社会ですから役割はほとんどありません。役割を任せてもらうためには学歴や資格や実績を残さないといけないのです。さらにSNSを中心に安易に批判する人が多いので、99％まで頑張っても「1％残っているじゃん」と批

判されてしまいます。つまり昔と比べて「役割をもらって、ありがとうと言われるまで」の道のりが遠くなっているのです。

そんな社会ですから「ありがとう」といってもらえることは数少ない「自分を好きになる機会」といえます。だからと言って、意味もなく「ありがとう」といえば良いわけではありませんし、適当に役割を作れば良いわけではありません。「あなたのために役割を作りました」という印象を受けてしまうとむしろすみませんと思う、「ありがとう」が確定されていたり、とってつけたような「ありがとう」は気を遣う子どもたちが必要としているものではないのです。

最近では学校に行くよりも仕事に興味がある中高生も増えています。不登校・ひきこもりで学校には全く行けていないのに、在宅ワークなどはきちんとこなせるのです。それは「作られたありがとう」ばかりの学校よりもちゃんと仕事をすれば「本気のありがとう」がもらえるからかもしれません。ありがとうについてはステップ4にも出てきますのでぜひ参考にしてください。

「『ありがとう』と言ってくれたから、自分を好きになれた、『ありがとう』。」と言っていた高校生がいました。その言葉が、子どもたちの心理をあらわしているなと私はよく思い出します。

先を見通して

いろいろな感情を引き出せるように

ステップ3では「家での生活を満喫できる」ことを中心に進めてきました。生活を満喫できると余裕が出てきます。そして、好き嫌いや創作活動、ゲーム、お化粧など話題にもバリエーションが出てきます。それはステップ4の「感情の共有をする」につながっていきます。

・すべてのことが面倒くさい。やる気が出ない。
・人生に楽しいことなんてない。人生は退屈だと思う。
・食べ物の味があまりしないし食べたいと思わない。
・ゲームが好きなわけではないけれどゲームより楽しいものがない。
・自分が悲しいのか不満なのか怒っているのかよくわからない。

というように、元気がない時には感情が出にくいものです。塞ぎ込むような状態が続いて、蓄積した怒りが時として大爆発する。理屈で考えたら良いことが起きていたり、幸せなんだろうと思うけれどそんな実感が全くない。「嬉しい」「やってみたい」「くやしい」「憧れる」そんな感情がよみがえってこないまま無理やり学校に行ってしまうとみんなが楽しそうにしている姿をガラス越しに冷静に眺めているような感じになってしまいます。

部屋にこもって、人生の現場に参加せずに窓からの景色を眺めて…インターネット越しに情報収集をする生活をしていたら、現実の臨場感は出てこなくなります。「夢はいつも他人のもの」

「大失敗もいつも他人のもの」自分はそこから離れた場所で実感もなく、それを見ているようでは「嬉しい」「やってみたい」のような気持ちはなかなか出てきません。

・好き嫌いをたくさん見つけて、小さな幸せを実際に味わう。
・昔好きだった料理を思い出して「美味しくできた」と喜ぶ。
・ゲームにしっかりのめり込んで、悔しがったり達成感を味わう。
・筋トレをしたり、お化粧をして自分の見た目に心を動かす。
・創作活動をして美しさやカッコ良さを追求してみる。
・旅行や見学など視点を変えることでいつもの自分との違いに気づく。
・自分が好きになる活動を通して、満足したり、ゆとりを感じる。

このように種まきしていくと「感情を動かすテーマ」が見えてきます。家での生活を満喫している中で「これはいいな!」「これずるいな!」「ひどい!」と少しずつ気持ちが動き出すのです。

多くの場合、悩みを抱えると頭の中がそのテーマの周辺しか考えられなくなります。「学校に行けない」「ダメだ」「学校に行けない」「ダメだ」と狭い範囲をグルグル回っていても新しい道は見えてこないのです。そんな思考停止している状態から脱するために「好き嫌い」や「創作」や「筋トレ」は役に立ちます。

不登校・ひきこもりが長くなると「私=不登校・ひきこもりです」と考えてしまうようにな

ります。しかし実際には

・私＝ガンダムが好きです
・私＝料理が得意です
・私＝自然の中にいると癒されます
・私＝人の役に立つと嬉しいです
・私＝絵は苦手だけれど描くのは好きです

と私というのは「不登校・ひきこもり」だけで100％ではないのです。こうやって私を表現するための他の言葉（ガンダム、料理、自然、役立つ、絵を描くの好き）が増えれば増えるほど、私＝不登校・ひきこもり＋ガンダム好き＋料理得意＋自然で癒される＋人の役に…と本来の「私」の形が見えてきます。

不登校・ひきこもりは私のたくさんある要素の中のたったひとつであることがわかれば、ガンダムや料理にエネルギーを注ぎ込むことによって、私が元気になるストーリーも見えてきます。次のステップではその見えてきたテーマ、ストーリーに感情という魂を注ぎ込みます。

ステップ4

感情の共有をする

「自分の感情が信じられない」「自分の行動が信じられない」不登校・ひきこもり状態の中高生がよくいう言葉です。

私自身もひきこもりの後半ではこの症状に悩まされました。「これはキツいな」という感情が湧き上がってきたとしても、学校に通っている人と比べて、こんなことでキツいと言っていて良いのか？許されるのか？　と自分の感情が信じられず、「そんなことはキツいとは言わないよ、あなたの感情は間違っている」と誰かに言われてしまいそうでした。

「お腹が空いた」とひとこと言いたいだけでも「ちゃんと食事していないから」とか「お菓子ばかり食べているから」「寝ているだけなんだからそんなにお腹が空かないはずかな」とそのセリフを言ってはダメな理由が思いつきます。ささいな言葉ひとつを言うだけでもたくさんの「自分が信じられない」がまとわりつくのです。

自信がないので言い訳を10個つけても20個つけても「そんな風に思うのはおかしい」と言われてしまいそうな恐怖はなかなか払拭できませんでした。もし、そんな中で「その感覚はおかしいね」「ふつうはそう感じない」のようなことを言われてしまったら最悪です。言い訳の量が倍に増えるような感じです。そうなってくると気力が続かないので会話をするのをやめてしまいます。

多くの不登校・ひきこもりのお子さんたちはそんな状態にあると思います。だからこそ、「これはキツいな」と勇気を振り絞って感情を表現した時に「確かに」「これはキツいよね」と軽くあしらわれるでもなく、大袈裟にリアクションされるでもなくきちんと受け止めてもらえれば自信がつきます。「自分の感情がうまく伝わったぞ！　それも確かにキツいって他の人でも思うんだ！　正解だ！　よかった！」この経験は非常に大きな価値があります。感情を表現しても良いんだ。感情を誰かと共有するのは気持ちが良いな。誰かに「そうだよね‼　そう思っていたよ！」と強く共感されると自信がつくなあ！　そんな状態になったらテンションが上がりますよね。

このリハビリがちゃんとできていると学校に復帰した時に「今日は寒いね」「この問題難しいね」と会話をすることに抵抗が少なくなります。学校では多くの生徒が刻一刻といろいろな話題、行動に意識が行っていますから、言い訳をたくさん言いながら想いを伝えるようなリズムではうまく噛み合いません。「自分の感情は出しても大丈夫だ」という思いが大きな救いになります。

このステップでは「ありがとう」からはじまって、さまざまな方法で感情の共有を図ることをお伝えしています。家族にまとわりついて「聞いて聞いて！」となるくらいまで感情の共有の楽しさを思い出してもらえれば、ステップ4の役割は終わりです。感情は出てきてしまうものですから、正しい間違っているはありません。たとえ違和感を感じる感情を表現していたとしても「今はそう感じるんだね」と受け止めて、共感することが大事です。くれぐれも「その気持ちはおかしい」と責めてしまわないように注意してください。

ステップ4

ポイント① 作業的な会話＋ありがとう（感謝）

ステップ3が終わりに近づく頃には家では快適に生活ができるようになってきます。そのまま放置してしまうとただ快適なだけで終わってしまいますので、気持ちに余裕が生まれたところに少しずつコミュニケーションをいれていきます。

ここでいきなり「で！　どうするつもりなの！」と攻め込んでしまうと一気に気持ちが折れ、ステップ1「ひとりにする」に戻ってしまいますから、慎重にコミュニケーションを深めていきます。

最初のステップは感情のこもらない作業的な会話＋ありがとう（感謝）です。

「ありがとう」「ありがたい」「助かった！」

これも立派な感情ですので、最初のうちは「ありがとう」を中心に感情のやり取りを始めます。

「ありがとう」と言いましょうと提案すると「うちの子にありがとうと言えるようなことなんてないですよ！　ゲームばかりで何もしないんですから!!」という答えが返ってくることがよくあります。

ポイントは「ありがとう」というチャンスを窺うのではなく、「ありがとう」となるようなコミュニケーションを取るということです。

・食事中にマヨネーズを取ってもらった
・重たい家具の移動を手伝ってもらった
・スマホなどの使い方を教えてもらった
・ゴキブリが発生して退治してもらった
・留守番のついでに炊飯のボタンを押してもらった

いずれもその作業自体が大事なのではなく、そのあとに自然に「ありがとう」と言える流れになることが大事です。不登校・ひきこもりの最中は気が緩んでいますので、「留守番のついでに…」というミッションは意外に難しいものです。逆に食事の最中に「あ、それ取って！」のようなさりげない会話が成功しやすいです。成功率の高そうなものから試して、徐々に難易度を上げていくのがコツです。

工事現場や工場、畑、お店などでは何人かの人が共同で作業をしていますから、頻繁に「それ取って」「ありがとう」「これ持ってて」「ありがとう」と自然にやり取りをしています。それに似た感じで簡単な作業＋ありがとうを繰り返すと心がじわっと温かくなってきます。

感情の共有の第一弾は気づかれないようにじわじわと始めてください！

ステップ4

ポイント②　短いフレーズの感情の共有

私たちはどんな時に「暑い」「ひどい」「早い」のような言葉を使いますか？　東京に住んでいる人が沖縄とか赤道直下の国に行った時には「暑いっ…て、これくらいで言っていいのかな？」と躊躇するかもしれませんね。「この辺じゃそれぐらいで暑いと言わないよ」と言われそうな気がするからです。気心が知れた人とならその感覚がずれていても笑い話ですみますが、フォーマルな場だったり、様子のわからないアウェイな場だとしたら「暑い」という言葉すら慎重になるかもしれません。

私も正味で8年間はほぼ家の自分の部屋にいましたから「暑い」といってもそれは自分が日射しに弱くなっているからのような気もするし、ずっと寝ていたのでどんな作業だって「ひどくつらい」気がしました。だから、自分の中から出てくる「暑い」「ひどい」のような感情が一般的に通用するのか自信が持てませんでした。

この「自分の感覚に自信が持てない」というのは学校に復帰する際に大きな障害になります。「今日はつらい」「疲れてしまった」という言葉が妥当なのかどうかがわからないので無理をしてしまったり、「何でもない（どうせこの感覚はわからないんだ）」となってしまうことがあるからです。

そんな時、家族との会話は良いリハビリになりました。

「これ美味しいね」

「そうだね」

と短いフレーズで会話するだけで、「ああ、これくらいで美味しいって言っても通じるんだ」と加減が理解できるのです。家族と家の近くを散歩しながら「今日は涼しいね」「夕日が綺麗だね」と会話をするたびに「ああ、この感情は正しいんだ」と感覚を確認できます。

ほかにも
・映画を一緒に見て「ひどい」「すごい」「かっこいい」と感情の共有をする
・ドライブなどの小旅行に出かけて「珍しい」「遠い」と語り合う
・ゲームを一緒にやって「ずるい」「うまい」と言葉を交わす
そんなささいな短いフレーズのやりとりが自分の感情を取り戻すリハビリになります。評論家のような難しいフレーズはさけて、形容詞ひとつくらいの短いやりとりを繰り返してみてください。うまくいくと今まで無言だった夕飯への感想が「美味しい！」と言葉になるかもしれません。

ステップ4

ポイント③ ゲーム・アニメなどの得意な話を聞く

「最近の中学生についてどう思いますか？」と中学校の先生に質問すると生徒の顔を思い浮かべたり、卒業生と比べたりしながら答えが出てきそうです。でも、同じ質問を外科医や税理士にきいても「うーん、普段関わっていないからわからないな」となってしまうかもしれません。この本を読んでいるみなさんも得意なフィールドと苦手なフィールドがあると思います。突然、「ＳＤＧｓについてどう思いますか？」と質問されても戸惑ってしまう人が多いのではないでしょうか？

感情を込めて自分の意見を言いやすいジャンルが人それぞれあります。お子さんの場合のそれはなんでしょうか？　私が関わった中高生もいろいろなジャンルに得意分野を持っていました。

・ライトノベル　・イラスト　・ＤＴＭ　・動画編集
・ボーカロイド　・和菓子　・音ゲー　・心理学
・ＦＰＳ　・自動車の仕組み　・Ｋｐｏｐ　・料理
・声優　・幸福論、哲学　・昆虫　・恋愛
・３Ｄプリンター　・タロットカード　・調香師　・ダンサー

その内容の多くは聞いたこともないような単語だったり、それが将来なんの役に立つのか、それをやっていて学校に復帰できるのか全く計算できないようなものです。

しかし、ここで大事なのは「感情を大きく動かすこと」です。テーマはなんであれ、心の底から喜んだり、悔しがったりする時間を過ごすためにお子さんが最もやりやすいテーマを選ぶことが重要です。

そして、話を聞く時に大事なことは極力、保護者側からアクションを起こさないことです。「鬼滅の刃、流行っているね。面白いの？」のように取ってつけたような質問をされると「どうせ興味ないくせに」としらけてしまいます。お子さんの側から「この動画がさ…」「今日のゲームはさ…」と話題をふってくれた時がチャンスです。普段なら「ああ！　そう…」と30秒で終わっていた会話をまずは1分続くようにリアクションを工夫してみてください。

・「ちょっとよく教えてよ！」
・「予告編とかわかりやすい動画ないの？」
・「えー見せて見せて!!　すご！　やば！」

上手にリアクションができると「あとこれも見て!!」と2回戦目に突入することもあります。何かがあるたびにリアクションを求めてくるようになれば大成功です。どんなリアクションをすれば得意な話をたくさんしてくれるかを研究してみてください。

ステップ4

ポイント④「教えてもらう」がフィットするケースも

社会、仕事、人生については私たち大人の方が詳しくて、教えてあげる側かもしれません。しかし、お子さんがハマっているゲームやアニメに関してはおそらくその立場は逆転しています。お菓子作りやイラスト、心理学などであってもそうです。例えば、レベル50のプレイヤーにレベル3の人が知ったかぶりして話しかけても会話にはなりません。最近のゲームでは同じゲーム内でも一緒にプレイできる制限のようなものがあって、レベルが近い人と遊ぶようになっています。レベル3なのにレベル50の世界に引き摺り込まれないように…レベル50の人がレベル3の人に煩わされないようにする配慮とも言えます。そうなると対等に会話をするには相当ゲームをやり込まないといけません。「にわか」と「ガチ」では一緒に遊べないのです。しかしおそらく、仕事を辞めて、ゲームに打ち込んでも追いつけないようなペースでお子さんのレベルは上がっていきます。つまり対等になるのは難しいことです。

そんな時に覚えておいていただきたいのが「教えて」という関わり方です。自分のレベルに合わせて、レベル3から4に上がる方法を教えてもらう。教わる時に大事なのは真剣に向き合った上で教わることです。例えば、『鬼滅の刃』を何とかの刃っていう大人が嫌いという中高生は少なくありません。「それくらい調べてから話しかけろよ」ということです。タイトルも覚えられない人と話すことなどないのです。できる範囲でGoogle検索をして、YouTubeの動画を見て、それから教えてもらうようにしてください。「そんなにがんばるとは思わなかった」と言わせるつもりでがんばると弟子として認めてもらえます。それだけでなく、真剣にゲームをしていればしているほど、そのアドバイスの価値がわかります。心の底から「ありがたい！」と思えますし、その教え方にお子さんの才能の一端が見えることもよくあります。これはゲームに限ったことではありません。お菓子作りが得意ならば一緒にマカロンを作ったり、クッキーや琥珀糖を作ったりします。うまくいったことを喜んで、失敗を一緒に反省すればたくさんの感情を共有することができます。

ここでの教わり方のコツは「上手にできること」「効率的にこなすこと」ではなく、「一緒にたくさんの感情を共有すること」が目的だと忘れないことです。鬼滅の刃を一緒に見て、子どもに「全集中！勉強の呼吸！」と言って盛り上げられる保護者は子どもの世界観を上手く活用しているなと思います。

ステップ4

ポイント⑤ 聴き上手に徹すると会話の量が増えてくる

感情の共有の際に邪魔になるのは「余計な一言」です。聴き上手な人は自分からは一切話題を増やさずにお子さんの話を引用したり、リアクションしたりしながら話を膨らませていきます。良いリアクションがあると話している側は嬉しいので、当然その話題についての情報量が増えるのです。一方で聴くのが下手な人はすぐに「こんな情報もありますよ」と余計な話題を挿入したり、「自分はこっちの方が良いな」と意見を言い始めて話の腰を折ってしまいます。

もし、

①学校でみんなに無視をされたのだけれど
②そのままにさせておいたら
③みんなが飽きてしまったのか普通に戻ったんだ
④そんな対処法で良いのかと思ったら少し自信がついたよ

という話をしようとしているのに、①学校でみんなに無視をされた…「ええ！ ひどい！ いじめじゃないか！ 何人くらいで無視をしたんだ？ いつ頃からだ？？」と話の腰を折ってしまったら、「えっと、10人ぐらいだよ。1ヶ月くらい前からかな」「1ヶ月っていったら、夏休み明けだな！ 何がきっかけになったんだ？」「たぶん夏休みの宿題をすぐに出さなかった件で…」こんな具合で④自信がついたという話をしたかったのに、①いじめを受けたという話になってしまったりします。いじめについていつ頃からどんなふうに何をされたかをどれだけ追求して理解したところで、そもそもその話をしていないんですよね。そして、話の腰を折ったまま「つらかったでしょ！　大変だったね！」とまとめられてしまいそうです。

①無視をされて「うんうんそれで」②そのままにさせておいたら「なんと！　そのままに！　それで⁇」③飽きてしまって、普通に戻ったんだ！「おお‼　飽きた‼」④なんか自信がついたよ！「確かに‼　自信がつくよな‼」ここまで話を聴ききれれば、⑤自信がついたからさ…と続きの話が出てくるかもしれません。

聴き上手になるポイントは

・常に先回りをせずに1歩うしろを追いかける
・リアクションするポイントがずれないように慎重に聴く
・興味を持って「それでそれで」と続きを楽しみにして聴く

これだけ注意するだけでも話の腰を折らずに上手に話を聞くことができます。

早押しクイズのように問題の序盤でピンポーンとボタンを押して解答しようとする人がいます。聴き上手になるためにはむしろ問題を読み終わって10秒しても「まだ続きがあるかもしれない」と警戒してから反応するくらいがちょうど良いです。大事なのは正解ではなく理解です。

ステップ4

ポイント⑥ 自分がテーマではないニュースなどの話題を話す

感情の共有が進むと自由に自分の気持ちを話せるようになってきます。そうなってくると「で、あなたの今の気持ちはどうなの？」と聴きたくなりますよね。

そんな風にお子さん自身にスポットライトを当てて話をしてもらう前にやっておくことがあります。それはお子さん自身がテーマではない別の話を十分にすることです。Ｔｗｉｔｔｅｒなどを見ていると、当事者ではない人が好き勝手に解釈をしたり批評をしている姿をよく見かけます。この「当事者ではない」ということが重要なポイントです。実は私たちは自分が当事者になってしまうと普段の言動にも無意識に制限がかかってしまいます。自分が政治家じゃないから批判できるし、自分が芸能人じゃないから簡単にダメ出しできます。

「で、あなたはどうなんだ？」というテーマになると急に動きが悪くなります。不登校・ひきこもりの当事者がどうするべきか？　不登校・ひきこもりの当事者はどうしてほしいのか？　こうしたテーマでの会話は「じゃ、お前もそうしろよ！」「なるほど、君もそう思っているんだね」という返しが予想できます。しかし、それは本人にとって行動に移すことは難しいことです。自分自身が該当する問題ほど意見を言いにくくなるのです。

そんな時にニュースを見ながら「政治家が失言をした」「芸能人が問題を起こした」というような話題で盛り上がるのは気が楽です。自分は政治家や芸能人ではないので、「自分は一般人だから知らないけれど、そういう立場の人は気をつけた方がいいと思う」と安易に意見できるのです。

ここで大事なのは、関係のなさそうな話題の中にも本人の気持ちが見え隠れしているということです。

・もう少し弱いものの立場も考えた方がいい
　↓自分が困っていることをもう少し配慮してほしい
・ちょっと失敗するとすぐにマスコミは総攻撃をするよね
　↓ちょっとのミスを責められる怖さがある
・オリンピック選手はたくさんの人に応援されて羨ましい
　↓自分を応援してくれる人はいないのに

見え隠れする本人の気持ちには気づかないフリをしてニュースの話題などをたくさん話しましょう。たくさんの意見を聞いているとその別の話題を通して、本人の気持ちがつかめてきます。人は無意識に自分を何かに投影してしまうからです。その話題を選んだ理由がその人の中にあるとしたらそれは重要なヒントですよね。

ステップ
4

ポイント⑦ チャンスがあれば本人の気持ちが聞けることも

これまで感情の共有を少しずつ進めてきました。短いフレーズの感情や好きなゲームやアニメに出てくる感情、ニュースにまつわる感情などを表現する中で自分の気持ちにも少しずつ気づいてきます。ニュースに対してコメントをしている時に出てくる「ずるい」「不公平だ」「かわいそう」「理不尽だ」というような感情を表す言葉は今の自分にまとわりついている感情であることが多いからです。

実際に

・「あの政治家は一生懸命に頑張ったのにマスコミや世論に叩かれてかわいそうだったね」

・「世の中の人の中には都合が悪かったり、悪く解釈する人もいるのだろうけれど、そういう人も含めて、幸せにしようと一生懸命に頑張った人をそうやって叩いたら、やる気がなくなってしまうと思う」

・「結果とは別にその人は頑張ったんだからそこは認めてあげた方が良いと思う」

というように話が展開していった時の最後のセリフは「あの政治家」について言っているのか「自分」について言っているのかわからないところがあります。「頑張ったのに認められない」という感情を政治家をきっかけに思い出して、いつの間にか自分の中の「頑張ったのに…」という気持ちを話しています。

「あの政治家は…かわいそう」とニュースについてのコメントが出てきた時に「私もそう思う。頑張ったのに叩かれたらかわいそうだよね」と認めることで、政治家の気持ちだけでなく背後に隠れているお子さんの気持ちを受け止めていることになります。あなたは「政治家の話に見せかけて、僕は頑張ったのに叩かれてかわいそうだろう」と言っているのねとまではっきりわからなくても、政治家の話をちゃんと共感できると、それなら自分の気持ちもわかってもらえると思って話をしてくれることがあるのです。

ただ「本人の気持ちが出てきた」と気づいた時に注意することがあります。

・気づいたことを悟られないように話の仕方を変えない
・ここで出てきた大事にすべき価値観を忘れずに覚えておく

それを繰り返していくと政治家の話をしているだけなのにちゃんと気持ちを理解することができるようになります。

「すべての出来事はたとえである」という考え方があります。部屋の散らかり具合から心の乱れが読み取れるように政治家に対する話はお子さんの気持ちのたとえなのかもしれません。

先を見通して

感情の共有は逆流する

ステップ4では「感情の共有をする」ことを中心に進めてきました。感情が共有され、自分の感情が理解されたり共感される感覚に慣れてくると、たくさんそれをしたくなります。自分が共感してもらえる経験を通して、自分も共感する力が増してきます。そして家族以外にも共感できる人がいないかなという想いが膨らんでくるとステップ5の「家の外に意識が向く」につながっていきます。

「ありがとう」という言葉が自分に向けられると感謝の気持ちがよみがえってきます。

私がひきこもりだった頃、母は8年間も私の未来を信じて支えてくれました。しかし、暗闇の中にいた私の心はすでに死んでいました。何の役にも立てない私に「ありがとう」と言う人はこの8年間いませんでした。私は「ありがとう」とは無縁の生活をしていたので、そんな言葉も気持ちも忘れてしまっていました。だから、自分が愛され、大事にされたことに気づくことができませんでした。死んだ心では愛情が見えなかったのです。

そんなある日、私のうつ病仲間から「ありがとう」という言葉が届きました。同じひきこもりとして、同じ役に立たない存在として気持ちを分かち合ってくれて「ありがとう」と言われました。自分はもう何の役にも立たないと信じていた私は「自分にはありがとうと言われる価値がまだあるのか！」とその「ありがとう」の言葉に衝撃を受けました。

その時に私は「ありがとう」という言葉を思い出しました。

そして、その瞬間、８年間の母のことが思い出されました。

「何百回、何千回『ありがとう』と感謝すべきところを無視してきたのだろう…」こうして、死んでいた私の心が息を吹き返しました。８年間、気を失っていたかのようでした。

多くの不登校やひきこもりのお子さんは自分の人生を削ってまで支えてくれている親に感謝できません。それは、心の中が真っ暗で「ありがとう」という言葉すらわからなくなっているからかもしれません。毎日毎日、自分なりに頑張ったけれどダメだったこと。一生懸命にわかってもらおうとしたけれどダメだったこと。自分のことが大嫌いなこと。自分のことが信じられないこと。そんな思いで、心の中が真っ暗になっているから「ありがとう」が出てきません。

でも、自分に「ありがとう」が向けられるようになると「自分にはまだ価値があるんだ」と思うことができます。自分に向けられた感謝が体の細胞のひとつひとつに「おい、まだやることがあるぞ」と叫びながら巡るようでもありました。そして「ありがたいな」という気持ちがわかるようになります。

感情を共有してもらえるとその感情がよみがえり、今度は他人のその感情を理解することができるようになります。自分が「暑いね」と言った言葉を「そうだね暑いね」と返してもらうことで「暑いってこんな感じだったんだな」と思い出すかのようです。そして、今度自分が「暑いね」と言われた時に「そうだね暑いね」と逆に反応できるようになります。これまでは「暑いね」と声をかけられても全く心が動かなかったのに感情を共有できるようになると会話のキャッチボールが楽しくなってきます。

私たちはひとりぼっちの時には「暑い」とか「美味しい」とかをあまり感じないのではないかとすら思います。誰かと「暑いね」「美味しいね」と感情を共有する喜びのために気持ちを言葉にするのではないでしょうか？　高級な食事もひとりで食べると寂しいものです。「美味しいね」と言う相手がいてこそのようにも思います。

そして、その感情の共有に幸福感を感じられるようになってくると心が動き始めます。いよいよ家の外に興味が湧いたり、家族以外とも感情を分かち合ってみたいという気持ちが動き始めるのです。

ステップ5

家の外に意識が向く

美味しいものをひとりで食べるよりも誰かと分け合って「美味しいね」と感情の共有をしながら食べる方が美味しい。そんなサイクルが家庭の中でうまく回り始めると毎日の生活が少し楽しくなってきます。そして共有する話題も少しずつ変化し始めます。

・同じ話題で盛り上がれるのが嬉しい
・自分の話に関心を持ってもらえるのが嬉しい
・自分の行動を喜んでもらえるのが嬉しい

不登校・ひきこもり状態ではネットの情報と家の中限定で自分が動いたことでしか何かを表現できません。今は家にいても通販などを使ってかなり多くのことができてしまいますが、それでも家の外に出た方がよりよい経験ができるテーマもあります。

家で料理を作ることが楽しくなってきた中学生は徐々にお母さんと夕方の買い物に出かけるようになりました。お母さんが買ってきてくれる「食材セット」をキッチンで調理するよりも、スーパーに並んでいる食材の中からより自分のイメージに合ったものを選びたくなったからだと言います。家で映画を見たのがきっかけであるミュージシャンが好きになり、どうしてもコンサートに行ってみたくなって外出を始めた高校生もいます。お父さんとの車の話が楽しくて、東京モーターショーなどにはどんなに大変でも出かけていくようになった高校生もいます。ゲームの話相手が家族では物足りなくなってきて、ゲームをテーマにしたオフ会に参加したらたくさんの友だちができたというケースもあります。

より良い感情を味わって共有するためには
・家の中のネタだけでは足りなくなってきた
・共有相手が家族だけでは物足りなくなってきた
この2つが不足してくることで「仕方がないから家の外に行ってみよう」となってきます。これがこのステップ5の狙いです。

このステップ5が「外出する」ではなくあえて「家の外に意識が向く」となっているのは、モチベーションを高めずに「外出」を実行するよりも「行きたい行きたい行きたい行きたい…」と外出したい欲求を高めてから外出する方が効果が高いからです。

軽い気持ちで「出かけてみようかな」と思った時に外出できてしまうよりも「外出できないのはなんて不利なんだ」と痛感してもらった方が「外出できた時の喜び」は大きくなります。ステップ5でその欲求を高めて「外出させろ!!」と暴れてしまうくらい気持ちを高められたら良いですね。

不登校・ひきこもりが長くなるほど「外出する」という簡単そうなことができません。人の視線、騒音、自分のコンディション、アクシデントへの不安…それらよりも「外出したい」の欲求が高まると実際に動きが出てきます。

ステップ5

ポイント① 美しい景色、海、山についての会話をする

森羅万象と呼ばれるものには人間が作ったものとは違う特徴があります。それは「意図がないこと」です。車は人の移動を助ける意図や荷物を運ぶ意図で存在しています。スマホにもゲームにも、人が作ったものには大抵意図があります。経済が発展してくると多くのものに「経済的価値がある」といった意図も含まれてきます。人は自分が作るものに希少価値、人気、機能性、美しさなどの何かの価値を持たせようとします。悩みが深い時には、そのこめられた意図が煩わしかったり苦痛になることもあります。

太陽は地球を照らそうと思っているわけではありません。暖めようとも思っていません。海はさまざまな生命を育もうとしているわけではありません。何の意図もなく、そこに存在しています。

人の目を気にして、人の気持ちを推測して、忖度して、合わせることに疲れてしまっている人にとっては「意図がない存在」はとてもありがたいものです。部屋の電気のスイッチを入れれば電力を消費するわけですから、無駄にするわけにはいかないという気持ちになります。でも、太陽の光は私たちがそれを大事にしようがしまいが降り注いでくれます。

だからこそ、ひきこもり生活をやめる第一歩が森羅万象の何かであることはよくあります。

・綺麗なサンゴ礁を見てみたい
・山の山頂から広がる景色を見てみたい
・土に触れたい
・凍るように冷たい雪解け水に触れてみたい
・地面が揺れるような滝を間近で見てみたい
・縄文杉を見にいってみたい
・雪景色を楽しみたい。雪に触れたい
・空一面に広がる星空を眺めてみたい

そんな気持ちが湧き上がってきたら家から出てみたくなるかもしれません。

家から出ることを目的とせず、ただただ気持ちが動くかもしれない映像を見ているだけでも刺激になります。「綺麗だね」「すごい景色だね」「真っ青だね」と感情の共有を続けていると「いつか見てみたいね」という会話になるかもしれません。

主人公が日本の各地を巡るような小説などもおすすめです。「あの作品のあの景色を実際に見てみたい」そう思った瞬間に心が家から飛び出してしまいます。『神様のカルテ』の著者夏川草介さんの『始まりの木』なども、読むたびにその地に行ってみたいという気持ちをかき立てられます。どんな本が良いか迷われたらぜひ読んでみてください。

ステップ5

ポイント② 焼肉やケーキなどの話をする

人生の思い出に残るほど、美味しいものを食べた時のことを思い出してみてください。「あー」と声にならない声を発するばかりで、美味しさに圧倒されてしまうようなものを食べたことがあるでしょうか?

私は心理カウンセラーをメインに活動していた頃、闘病期間が長く、経済的にも困窮し、食費も抑えて質素な生活をしている人を招待して焼肉を食べに行っていました。高級なお肉は私たちの期待を遥かに超えた幸福感を私たちに与えてくれました。気持ちが落ち込み、疲れ果て、覇気がなくなっていた人たちの顔がお肉を口に含んだ瞬間に一変するのです。「1日も早く元気になって、仕事を見つけて、このお肉を自分の力で食べにきます」と誰が言い出すということもなく、みんながそんな決意を宣言し始めます。食べ物にはそんな魅力があります。

また、甘いものが好きならばスイーツを食べに行くのもテンションが上がります。お肉とは違って、お店の雰囲気をや綺麗な食器が目を楽しませてくれます。いちご、シャインマスカット、桃など季節のフルーツを楽しむのもいいですね。Ｇｏｏｇｌｅで「贅沢スイーツ」とか「ご褒美ケーキ」と検索すると、一度は行ってみたい素敵なお店がたくさん出てきます。普段の疲れを取るために保護者だけで先に下見に行っても良いかも知れませんね。

『孤独のグルメ』を見るのもおすすめです。
あの番組を見ているだけで「焼き鳥」「なめろう」「おでん」「ぶり大根」「銀だらの西京焼き」「餃子」「グラタン」「炒飯」…と食欲がそそられます。

もし、お子さんが美味しいものを食べるのが好きならば、こんな話を家でしていたら食べたくなってしまいます。「食べたいな」「食べたいな」と毎日考えるようになったら外出も時間の問題ですね。

ちなみに私が家庭訪問をして不登校・ひきこもり状態の人と初めて会う時に「食べ物」を使うことがよくあります。お中元やお歳暮をよそおってその人が好きなものを先に家に送ります。もちろん保護者も仕掛け人です。「あなたの好きなすき焼き肉が来たわよ」と盛り上げて食べていただいてから家庭訪問をします。「誰が来るの?」と聞かれた時に「学校の人」とか「カウンセラー」と説明したら会ってもらえないので「ああ、この前のすき焼きの人よ」と説明してもらいます。うまくいくと「じゃ、お礼言わなきゃね」という流れになります。訪問して、「すき焼きありがとうございました」と本人が切り出してくれれば家庭訪問は大抵うまくいきます。

焼肉やケーキは私の好みですが、美味しい食べ物の力は偉大ですね。

ステップ5

ポイント③ 好きなアニメと聖地巡礼

好きなアニメから元気をもらう中高生もたくさんいます。ステップ1のポイント⑦「物語が救いになることがある」でも触れましたが、私たちは物語に触れてその世界に染まり始めると、つらい現実世界とは別の物語の世界の住人になることができます。自分が気に入った世界観に入り込んで感動したり、勇気をもらったり、夢を描いたりします。

最近はアニメといっても家でテレビを見ているだけではなくなりました。「お子さんが好きなアニメの名前」＋「公式」で検索をしてみてください。

◎あらすじ

大抵の公式サイトには「あらすじ」が載っています。「5分でわかる○○」といった入門用の動画があることもあります。せめてPVを見ておくだけでも世界観が少しつかめます。

◎キャラクター

そのアニメに登場するキャラクターの相関図や設定が書かれているページでお子さんがよく口にするキャラクターの名前をチェックしておきましょう。どういう設定のキャラクターが好きなのかがわかれば、今の心境も少し読み解けるかも知れません。主要なキャラクターだけでも抑えておきたいところです。

概要を押さえられたらチェックしておきたいのが以下の2つです。
◎イベント
最近のアニメはさまざまなお店や施設とコラボをしています。作品のカラーによってコラボ先は違いますが、喫茶店、オーケストラ、遊園地、デパート、舞台、ライブ…そしてアニメイトです。その期間その場所でしか体験できないイベントも多いので、知ってしまったら行きたくなるかもしれません。
◎グッズ
限定グッズなども押さえておきたいところです。アニメイトでしか買えない商品や期間限定ものが多いです。

合わせて、「アニメの名前」+「聖地巡礼」で検索したり「アニメツーリズム」で検索してみてください。アニメによっては聖地巡礼ツアーがあったりします。例えば『シュタインズ・ゲート』というアニメの舞台は秋葉原です。実際の秋葉原の街が沢山でてくるので聖地巡礼として秋葉原に行くと『シュタインズ・ゲート』の世界に飛び込んでしまったかのような気分になります。アニメの名シーンと同じ構図で写真を撮ったりすると恥ずかしいですが楽しいです。

親子関係によっては「ドライブで聖地巡礼に行ってみよう」となるかもしれませんし、Ｔｗｉｔｔｅｒで同じアニメを見ている人に影響されることもあります。「好きなアニメの聖地巡礼」という概念を知っているだけで背中を押しやすくなります。

ステップ5

ポイント④ TVの話題から行ってみたい場所を探す

・ドライブをきっかけにじっくり親子の会話ができた。

そんなケースはよくあります。

ほかにも、話題のアップルパイを食べに行った、イルミネーションを見に行った、紅葉を見に行った、久しぶりにキャンプをしに行った、等身大のガンダムを見に行った、ホームセンターに気晴らしに出かけた、温泉に入った、お墓参りに行った‥などで、会話ができたということもあります。

不登校・ひきこもりの間は話題が「自分」になってしまうことが多いので、「あなたはどう思っているのか?」「あなたはどうするのか?」と詰め寄られているような窮屈さがあることが多いです。一方で目的地がアップルパイ屋さんだったり、紅葉の名所、お台場だとしたら視線が自分の方に向きません。お互いが向き合うのではなく、同じ方向を見て、同じ景色を見ているくらいの距離感は楽に会話をするのに適しています。

TVを見ていると旅番組では景色の良い場所を紹介していたり、ニュースで今が旬のイベントを紹介してくれています。次のような段取りで会話をしてみるときっかけがつかめるかもしれません。無理に押しすぎないのがコツです。

・「見て見て！　これすごいね！」とテレビの話題をふる
・「ほんとだすごい」と感情の共有ができるかどうかを確認する。反応が薄い時にはそれで終わりにする。深追いすると作為的になるので注意
・反応が強かったらその情報をすぐに検索する
・テレビが終わった後などに検索した追加情報を一緒に見る。「今週末までやっているね」「お団子美味しそうだね」と会話をしながら反応を窺う
・反応が良かったら「行ってみようか？」と誘ってみる

ポイントはチャンスは毎日のようにテレビが供給してくれますから、今回で決めようと焦らないことです。話題をふるたびに反応をちゃんと確認して、普段よりも反応が良いなと思ったら次に進めます。反応がイマイチの時にはあっさり会話をやめてしまいましょう。こうして「行ってみたい場所」ができると次のステップに進みやすくなります。

ただし、実際に出かけて行った方が良い場所と、やめておいた方が良い場所とがあります。この時点ではとにかく家の外に意識を向ける意味で「（どこでもいいので）行ってみたい場所を探す」のはとても大事です。次のステップで出かける時の注意点を紹介していますので、行動に移す際にはそちらも参考にしてください。

ステップ5

ポイント⑤ 欲しいと思う気持ちを大事にする

料理をしていると欲しくなる調味料や調理器具がでてきます。イラストを描いているとペンタブや画材が欲しくなります。音楽を作っていると楽器やボカロが欲しくなります。UVレジンや粘土、毛糸、スケッチブック…それらは創作活動に必要です。

「欲しい」という気持ちは未来に向いています。

「欲しい」という話が出たら、「お小遣いで買いなさい」「お年玉があるでしょ」と事務的に処理しないでその気持ちをぜひ聞いてみてください。イラストが描けるようになったらココナラ（得意なスキルを販売できるサイト）でお金が稼げるようになりたい、有名なボカロ曲を作っている人のようになりたいというような未来のイメージが出てきます。

聞く時のポイントは「それは購入するに値するか？」ではありません。お子さんが「欲しい」の先のどんな明るい未来を想像しているかを引き出すのがポイントです。あまり聴き慣れないグッズの名前が出たら「それを使うとどうなるの？」と興味を持って聞いてみてください。そのグッズの素晴らしさを語ってくれるかもしれません。画用紙や粘土のような材料を欲しがったら「どんなのを作るの?」と聞いてみても良いと思います。YouTubeで「作ってみた」「作り方」の動画を一緒に見ることができたらイメージも湧きますね。

もちろんテーマによって、お子さんによってはあまり詮索されたくないこともあると思います。「欲しい」をきっかけに交渉に持ち込むのではなく、楽しく創作活動ができる場を一緒に作るニュアンスが良いです。「許可を与える」というポジションに入ってしまうと対立してしまいかねないので、芸術家と助手の関係とか、芸術家とマネージャーの関係、芸術家と依頼主の関係など上手な参加の仕方を考えてみてください。

創作活動に関わる時に重要なのは「やっていて楽しい」ことです。作品が上手だとかこれを職業にできるとか発展させると急につまらなくなってしまいます。最近はネットに上手な人の作品がたくさん上がっていますから、安易に褒めたり、発展させようとしても「すごい人たちがいるから私なんて…」と気持ちが落ちてしまいます。

有名になりたい、成功したい、お金持ちになりたいと思う子は創作したものが素晴らしいことが大事かもしれません。一方で創作自体が試行錯誤をしたり、完成品を思い浮かべたりするだけで楽しいものです。どんな楽しみ方がふさわしいかも限定せずに関われると夢中になれるものが一つ増えるかもしれませんね。

ステップ 5

ポイント⑥ 子どもが大事にしている人を尊重する

「尊敬する人物は誰ですか？」

・『ＯＮＥ ＰＩＥＣＥ』のルフィ
・『名探偵コナン』の工藤新一
・アンパンマン
・『Re：ゼロから始める異世界生活』のレム
・『ソードアート・オンライン』のアスナ

できるだけこの本を読まれているみなさんに寄せたものを選びましたが、例えばこんな答えが返ってきます。昭和の頃の面接で「尊敬するのはケンシロウです」と答えていたら怒られそうですが、それだけアニメが文化として浸透してきているからかもしれません。

尊敬する人物というのは有名人や偉人、歴史上の人物、小説の登場人物くらいまでと考えるのは昭和の発想かもしれません。よくよく考えてみると「織田信長」のことを私たちはそんなによく知りませんし、小説とアニメでは人物描写にそれほど違いはないのかもしれません。

また「推し」という文化もおさえておきたいところです。元々はオタクの人たちのスラングでしたが、ＡＫＢ48に対して「推しメン」という言葉が流行り一般にも知られるようになりました。今ではアイドルに限らず、アニメのキャラ、ゲームのキャラ、YouTuberなど幅広く使われています。直訳すると「誰かに推薦したいくらい好き」というような意味です。似た言葉に「自担」「担当」「ごひいき」などがあります。

お年玉の使い道が「推し活」という若者も増えています。イベント、グッズ、聖地巡礼、場合によってはガチャなどにお金、時間、労力をつぎ込みます。もし、自分の部屋に推しを飾ってあったり、祭壇のように祀ってあったりしたらそこに大きなエネルギー源があります。推しの誕生日は重要な日ですので一応調べておいた方が良いですね。

ひとつだけ注意したいのは「織田信長」を尊敬する人同士は話が合いますし仲良くなれますが、推しに関しては「同担拒否」という言葉があるくらい反発し合うこともありますので推しが同じ人同士をくっつけようとしてはいけません。ライバルかもしれないからです。

もちろん、家族を大事にしたり、先輩や先生、実業家などを尊敬する子もいます。そちらについては想像に難くないので省略します。

いずれにしてもお子さんが大事にしていたり、尊敬していたり、「尊い」というような人物像があったら尊重してあげてください。人は直接的、間接的に人の影響を受けて生きています。その人に影響を及ぼす人がどんな人なのかを知ることは関わる上で非常に重要な要素といえます。『推し、燃ゆ』著者宇佐見りん（河出書房新社）を読んでみるとそういう存在がいかに重要かを感じ取れるかもしれません。おすすめです。

ステップ5

ポイント⑦ 友だちにつながる話題をふる

長い不登校・ひきこもりの間でも、つながっている友だちがいることがあります。

・LINEをチェックしていることがある
・夜中にボイチャ（ボイスチャット）で騒いでいる
・Twitterなどで誰かと関わっている様子がある

といった状態から、友達と関わりがあるのかがわかります。

ここで友だちを3つの種類に分けて考えてみたいと思います。

1つ目は学校の友だち、昔の友だちです。学校のようなリアルな場で仲良くなった友だちが不登校・ひきこもりになってもつながっていることはあります。学校に復帰する時には助けになることがあるのでその関係性には期待したいところがある一方で、その関係がプレッシャーになることもあります。最近では「ゲーム」「勉強」「バイト」「部活」などのテーマごとに付き合う友だちが変わりますから、「クラスメイトが先生に言われて連絡してくる」という流れには注意が必要です。テーマがなければ話すことがなく、ギクシャクしてしまうからです。逆にゲームなどのテーマがはっきりとしている友だちは関わりやすいと言えます。

2つ目はそのゲームなどの友だちです。ゲーム友だちはテーマがはっきりとしているので「ゲーム限定」ではつながり続けることができます。そのつながりの延長として、世間話をすることができれば話が広がることもありますが、それほど簡単なことではないかもしれません。また、そのゲーム熱が冷めてしまった時にゲームをする頻度が下がり、疎遠になることもあり得ます。

最後が新しい友だちです。好きな趣味の人が集まるＴｗｉｔｔｅｒなどを見ているとそこで友だちができることがあります。ゲームなどの種類によってはゲーム内で知り合うこともあります。年齢や立場が違う人たちがそこには関わっていますから、その新しいコミュニティで人間関係や居場所ができることもあります。最近ではオフ会やイベント会場で実際にネットで知り合った人と会うことも珍しくありません。昭和世代の中には「ネットの出会い＝犯罪」と思っている人も多いですが、実際にはそうでもないのです。

半年、1年やりとりが続いていたり、イベント会場のような第三者が主催している会場でなら、直接会ってみるのも良い刺激になることがあります。リスクゼロではありませんが、友だちが復帰には大事ですからぜひ背中を押してあげてほしいと思います。

先を見通して

緩やかに家の外に話題を移していきます

学校に行くことに固執してしまうと目的地は常に学校になってしまいます。楽しい気分で学校に行くための話題…って難しいですよね！

・明日、英語の試験だって‼

・体育がバスケみたいだよ！

文化祭や修学旅行、部活のイベントなどがきっかけで学校に意識が向くことはありますが、これではテンションがなかなか上がりません。

そこでいったん「学校」という枠組みを外して、外出することで次のようなリハビリができるようにします。

・服装、髪型、顔、体型、気持ちなどが外出に向けて整うかどうか？

・時間を気にした行動ができるかどうか？

・駅やお店など第三者がいる場所に居られるかどうか？

・外出できるだけの体力があるかどうか？

・視線が気になる。音が気になるなどの不安要素は大丈夫か？

など「学校」に限定しなくてもリハビリをしておきたいテーマはたくさんあります。そして、外出を促すには「動機」「口実」が欠かせません。

ステップ5「家の外に意識が向く」では家の中での活動、会話を緩やかに家の外とつなぐことを試みてきました。「紅葉を見に行きたい」「限定グッズを買いに行きたい」「画材が欲しい」「友だちに会いたい」「話題の場所を見てみたい」「アニメの聖地巡礼がしたい」テーマはそれぞれ違っても「行けたらいいな」という気持ちが増えてきていることと思います。

この流れをステップ6「外出する」につなげるためには、次の3つに気をつけたいところです。

1つ目は「行きたい気持ちを高める」ことです。

ここでは「もし」という言葉が役に立ちます。「もし、そうなったとしたら…」という会話を少しだけ混ぜてください。「もし、コミケに行ったら……これをしたいね」「もし、紅葉を見に行ったら、帰りに美味しいものを食べよう」という感じです。このオプションが魅力的ならば「行きたい」という気持ちは高まります。

2つ目は「家で完結させない」ことです。

「そのグッズは通販でも売っているから出かけなくていいじゃん」とか「代わりに買ってきてよ」となってしまったら外出にはつながりません。背中を押すことが大事ですが、お子さん本人が動かないということにならないように加減が大事です。

3つ目は「具体化することを手伝う」ことです。「今週末だったら車で送ってあげられるよ」と一声かけるだけで日時が確定します。久しぶりの外出ですから、「今日にしようか?」「明日がいいかな?」などと決行する日付すら決められないかもしれません。「そこに行くなら○○線だね。1回乗り換えれば行けるな」くれぐれも自発的な気持ちを上書きしてしまわないように気をつけながら、ひっかかっていそうな場所に助け舟を出すことも必要な場合があります。

これで「外出しよう」という気持ちは高まってきました。

ですが、いきなり行動に移す前に次のステップ6を読んでみてください。玄関のドアの外にいきなり地雷が埋まっているかもしれません。

ステップ6

外出する

「いつか沖縄に行ってみたいね」
「ミュージカルを生で見てみたいな」
「ピアノが弾けるようになりたいな」

そんな風に想像を膨らませることと実際に実行するのとでは大きな違いがあります。多くの人は想像と実行の差が埋められずに結局行動に移せません。逆に言うとこの想像と実行の差はかなり大きな壁だということです。

私自身も8年間のひきこもりの最後の頃にようやく家から出るようになりました。アルバイト情報誌と履歴書を買いに行って、雇ってくれそうな会社に連絡をして、面接を受ける。私が想像していた実行へのステップはこれくらいでした。

でも実際には「こんな髪型では外出できない」「街に出る服がない・靴がない」「隣の人が庭にいるから出られない」「地元の古い友人に会いそうで怖い」「情報誌を読む集中力がない」「文字が書けない」「経歴が思い出せない」「証明写真が撮れない」「警備会社くらいしか雇ってくれなさそうだけれど知らない業界で怖い」「親の反応が怖い」「自信をなくしそうで怖い」「すれ違う人の視線が怖い」「体力がもつ気がしない」「会話はどうしよう」「自分のことを僕と言った方が良いか私か？」…と途方もない数のハードルが迫ってきました。

ステップ6は、そんな途方もなさをできるだけ感じずに外出を楽しめるようにするためにあります。

1回目の外出で家の周りをうろうろできたら近所に対する恐怖心がなくなります。

3回目の外出で洋服を買いに行けたら服装に対する不安が減ります。

5回目の外出で床屋・美容院に行けたら髪型や見た目に自信がつきます。

8回目の外出で駅の辺りをうろうろできたら人混みにも少し慣れてきます。

10回目は少し遠いけれど自分が行ってみたかったお店をゴールにしたら頑張れるかもしれません。


このステップ6にある外出にあたってのコツを参考にして、外出を楽しめるように挑戦してみてください。どんなテーマでも良いので外出を繰り返すことで歩き方を思い出し、人とのすれ違い方を思い出し、体力がついて、自信がついてきます。これは学校に復帰する時にも必要なことですからいざステップ7で復帰する時に役に立ちます。

ステップ6

ポイント① 夜中の散歩

不登校・ひきこもりの中高生と関わっていると、夜中の散歩をする子が意外と多いです。夜は街が静かです。住宅街なら尚更かもしれません。暗くてよく見えないので、服装や髪型なども昼間ほどは気になりません。会いたくない人に会う確率も少ないので安心して出歩けます。

普段あまり動かしていない手足の動作確認をするかのように辺りをうろうろとすることもあります。また、家にいて、ごろごろしてゲームをしている自分と比べたら、体を少しだけでも動かして、体力が１％上昇したかもしれない自分は好きになれます。

人のいない公園や自動販売機、コンビニなどが目的地としては手頃です。保護者の方から「散歩に行ってきなさい」と促すよりはお子さんがふらっと出かけようとした時に水を差さないと考えておいた方が良いと思います。「そんなかっこうで！」「こんな夜中に！」とつい言ってしまいがちですが、「いってらっしゃい」と当たり前のように送り出してあげた方が良いことが多いです。また「ついでに少年ジャンプを買ってきたら」とか「月が綺麗だよ」と保護者本位の一言を良かれと思って言ってしまったり「どこまで行くの？」と聞いてしまうこともありますが、いずれも注意したいところです。その途端に散歩は義務になってしまい冷めてしまうかもしれないからです。

毎晩、公園まで散歩する。これは不登校・ひきこもりの状態としてはかなり良い兆候です。また、家族の関係性によっては「散歩行くけど一緒に行く？」と促してみたり、「ポケモンＧＯやってくるね！行く？」と軽く促してみると動いてくれる場合もあります。

ここで「散歩」というのをどれくらいの規模とみなさんはイメージするでしょうか？

・コンビニや自販機までの往復

・1時間程度の徘徊

・庭や玄関を出て数m先まで行く

10分程度のコンビニまで出かけるような規模をイメージされる方が多いと思いますが、それが久しぶりならば庭に出たり、玄関のドアを開けるだけでも大きな一歩です。「うわ、やっぱり無理だ」という表情をしたり、「やっぱ帰る」と言い始めたらそこまでが散歩です。

すぐに戻ってきても「それだけ⁉」のような反応をしないように気をつけたいところですね。これを機に何時間もかけて、体力を少しでも上げようという気持ちになることもあります。スマホの万歩計で1万歩。2万歩のように決めていることもあります。長すぎる時の反応にも同じように気をつけましょう。大事なのは「また散歩に行きたい」と思ってもらうことです。

ステップ6

ポイント② 思い立った行動を大事にする

「楽しいことも計画を立てると義務になる」

中高生がよく言う言葉です。義務になってしまったらやる気が出なくなるから実行するのは難しくなります。

毎日、家の外に出て活動している人にとっては朝起きたり、着替えたり、玄関のドアを開けることでスイッチが入ります。その習慣があるからスイッチが入るのは当たり前な感覚です。一方で不登校・ひきこもりの状態が長いと朝起きたとしてもスイッチを入れずに二度寝して、着替えてもだらだらしていることもあるので、「これがスイッチだ」というきっかけがありません。スイッチが入ったり、入らなかったりするのです。

外出するのは明日の10時と決めてしまうと「スイッチが入らないかもしれないな…」と不安になります。起きられないかもしれないから今晩は徹夜して準備をしよう。寝なければ多分大丈夫…という動きに変わってきてしまいます。楽しさが変な方向にずれていますね。

「場面で」という便利な若者言葉があります。

その時、その場面でそんな気持ちになったらやってみるよ！　というような意味です。

「18時に渋谷のハチ公前ね」と待ち合わせをして、5分前にはハチ公前でキョロキョロして待っている昭和世代と違って、18時ごろになったらＬＩＮＥを送って、「いまどこ?」と聞いて、「あ、だったら、ハチ公前よりヒカリエの方が近いね…」と場面で調整するのです。そして実際に合流する時間も18時にはこだわらずに、18時15分だったりします。

慣れない外出も「場面で」臨機応変に対応した方がうまくいきます。朝起きた時の気分が大丈夫そうならば外出するし、午後、そんな気分になってきたなら午後からでも良いことにする。計画的ではなく、思い立った時、気持ちが盛り上がってきた時に動くのがやりやすいのです。

間違っても「10時に出かけるって言ったじゃん」と過去に決めた予定通りに動かないことを責めてはいけません。今、どんな気分なんだろうと推測しながら、「無理な気分なんだな」と察したら押さないことが大事です。思い立った時に行動する。テンションが下がったら中止する。この「今の気持ちを大事にした行動」が特に調子が悪い時には役に立ちます。

無理をさせないからストレスが溜まりにくいだけでなく、動ける時には動くので行動範囲が狭まらずにすみます。

ステップ6

ポイント③ 予想していない事態が起こらないようにする

「結婚式に招待された時、どうやって振る舞えばいいんだっけ？」私たち大人でも慣れない場に参加する時には「服装大丈夫かな？」「忘れ物ないかな？」「何て挨拶をすればいいんだっけ？」「最初にどこに行けば…？」と不安がつきません。

不登校・ひきこもりの子たちにとっては玄関から外に出ることが「慣れない場」であるといえます。実際に小学校低学年から10年以上外出していなかった子と久しぶりに外出した時には、その子は江戸時代の人が車の往来を見てびっくりするような反応をしていました。「車が久しぶりなので全部の車がこっちに向かって来るような気がして怖いです」と言っていました。久しぶりすぎて何度もつまづく子や、転んだ時に受け身が取れないで鼻から地面に転がる子もいました。もちろんこれらはかなり長期のひきこもりの事例といえますが、それの10分の1くらいの不慣れな感じはあるかもしれません。

久しぶりにコンビニに行けば「ポイントカードありますか？」だけでなく「袋はどうしますか？」と聞かれます。並ぶ場所が地面に記されていて、ソーシャルディスタンスを守らなくてはいけません。コロナ禍ではマスクも必要です。エコバックを忘れてはいけません。久しぶりの結婚式に似た難しさと不安感が出てくるのも仕方がない気がします。

・コンビニに入る
・コーラを1本手に取る
・床に書いてある列に並ぶ
・ポイントカードはないと答える
・袋はいらないと答える
・お金を渡して、お釣りをもらう
・レシートは捨てる場所がわかれば捨てる。わからなかったら持って帰る

これくらいやることを明確にしていると不測の事態が起こりにくくなります。調子が悪い時や久しぶりに外出する時には予想していない事態になることは怖いですから、それをできる範囲で減らします。

この考え方はこれから先、イベントに参加したり、病院、床屋、カウンセリングなどに行く時に役に立ちます。すべきことを最小限にして、明確にしておくと安心感が増します。「空いている時間でクラスの友だちと雑談してさ…」のような時間が入ったらハードルが上がってしまうのは想像していただけるかと思います。

アドリブは慣れてから。それまでは台本のある動きが救いになります。

ステップ6

ポイント④　外出したい衣服や靴を用意する

夜中の5分の散歩であっても久しぶりだと緊張します。近所のコンビニに行くだけなのにウイッグをつけたり、カラコン入れて、1時間メイクして出かけていく女子高生もいます。久しぶりの外出ならなおさらです。人に万が一出会ってしまっても大丈夫な格好で外出したい、できればこれならむしろ人に見せたいと思うような格好で外出したいと思う子は多いです。久しぶりのデートに着ていく服がなくて家中のタンスや衣装ケースをひっくり返すような場面はよくドラマなどでも見かけます。不登校・ひきこもりが長く、久しぶりに外出しようと思って、タンスの中をのぞいたら…

・着て行きたい服が見つからない
・太ってしまって予定の服が着られない
・鏡で何度見ても今の自分に似合う気がしない
・今の季節に合う服がない

そんなアクシデントに遭遇して、出かける服が用意できないこともあります。そうならないためにも事前に「着ていく服は大丈夫？」という会話を少ししておきたいところですね。もちろん子ども扱いして、洋服を用意してあげるのはＮＧですから、「外は最近寒いけど、あの上着あったかねー？」と促したりして、確認してもらうくらいが良いことが多いです。会話の流れによっては「イベントに参加するための服」を先に買いに行きたいと言い始めるかもしれません。このステップ6ではどんな理由でも良いから外出をしてもらうことが目的ですので、「買い物」が追加されたことは喜ばしいことと言えます。

・かわいいピアスを手に入れた
・お気に入りの上着を買ってもらった
・筋トレをして理想の体型になってきた
・美容院に行って、髪の毛を思うように染めてもらった

こんな風に装備が整えば整うほど外出に対しての抵抗感が減っていきます。

この時の装備の選び方ですが、内面の自信のなさに反比例して、攻撃的で奇抜なファッションを選ぶ子もいます。外見的に怖い感じだと話しかけにくく、内面の弱さを隠せると考えるようです。服装には年代や属性別のこだわりがあります。量産型や地雷系と呼ばれるファッションが好きな人たちもいますし、逆にそれを避けたい人もいます。外出に慣れていないと「え！　その格好はないでしょ！」と思うような服装を選ぶこともあります。また、視線恐怖、聴覚過敏、潔癖症などの影響でフードをかぶったり、ヘッドホンをしたり、手袋を欲しがる場合もあります。

いずれにしても本人が納得する装備を整える手伝いをしてあげると良いと思います。

ステップ6

ポイント⑤ 直前のキャンセルを想定しておく

「今日は無理だ」…どれだけ高いお金を払ってチケットを買っても、どれだけ周りの人が時間を調整して待っていても「無理な時は無理」なのです。ここで「ええ！　頼んじゃったのに‼」と社会の側の都合をぶつけると「だから私はダメなんだ」と落ち込ませてしまいます。

私は中高生や悩んでいる人と関わる時にひとつだけ覚悟を決めていることがあります。それはその人が普段受けている誹謗中傷やクレーム、その人が普段投げられている石を自分も投げられるかもしれないということです。発達障がいなどある理由があって遅刻をしてしまう子とともに活動する時には「遅刻しないように調整する」と同時に「(その子の遅刻の影響で)私自身が遅刻をしてしまうこと」があるということです。そんな時に「この子が遅れたせいです」とは言えませんから、場合によっては私が遅刻をしたと解釈されてしまいます。

それ以外にも

・ドタキャン、待ちぼうけ
・忘れ物、紛失
・書類の不備

・他人に危害を加える
・SNSで問題発言、炎上

などに巻き込まれることがあります。被害が及ばない安全な場所からサポートをしたい、サポートすれば良いと考える人もいると思いますが、この巻き込まれて受けるダメージはその子が日常的に受けているダメージです。毎日毎日、約束の時間に遅れて怒られる。しょっちゅう意図しないSNSの炎上を起こしては凹んでいる。その痛みは味わわずにその子の心の苦しみを知ることなどできないかもしれません。

直前のキャンセルというのはその「覚悟しておかないといけないこと」の代表的なものです。

キャンセルが起きた時に子どもを責めたり、子どものせいにして言い訳をしてしまったら、その子は2度とその誘いには乗ってこないかもしれません。キャンセルをせざるを得なかった子どもの気持ちを察し、フォローしつつ、大人として迷惑をかけてしまった人への謝罪やフォローはちゃんとする。そこで緩衝材となることで、2回目、3回目の挑戦につなげていくことができるのです。

保護者としてはつらいところですがこの辺りが頑張りどころとも言えますね。

ステップ6

ポイント⑥ 行動は信頼できる人とする

外出のハードルを大きく下げる良い方法があります。それは「人」です。

・急にパニック発作が起きたらどうしよう
・急にお腹が痛くなってしまったらどうしよう
・急に死にたい気持ちになってしまったらどうしよう
・会いたくない人と出会ってしまったらどうしよう
・お金とか大事なものをなくしてしまったらどうしよう
・答えられない質問をされてフリーズしたらどうしよう
・吐き気がしてきたらどうしよう

調子が悪い状態の人にとっての外出は元気な人がアフリカに放浪の旅に出るようなものです。いつどんな不測の事態に巻き込まれるかわからないし、慣れない場所で立ち往生してしまうかもしれない。忙しそうに通り過ぎる人に助けを求めるのも無理だ…となるかもしれません。

私がひきこもりだった頃、コンビニのレジに並べるようになってからもスーパーのレジにはなかなか並べませんでした。みなさんは違いがわかりますか？　スーパーのレジは前に接客されている人がいて、後ろにも並ばれた瞬間に逃げ場がなくなるのです。前後は人。左右はレジ。その瞬間が怖くて、スーパーには一人で行けませんでした。最近のコンビニは並び方の指定がありますので、逃げ道がない感覚が以前より増しました。怖さが増している人がいるかもしれないと思います。

お店に入る自動ドアの前でお店の中をのぞき込んで「あの場所に入るのは無理だ」と引き返したことが何百回もあります。「スタバは一軍がいるところだから入れない」と言っていた高校生がいましたが、その気持ちがすごくよくわかります。

そんな時に自分の不調を理解してついてきてくれる、先導してくれる人がいると救われます。待っていてくれる、周囲との調整をしてくれる、理解していてくれる…それは心強いです。そしてここで出てくる人物はステップ5にでてくる「大事にしている人」や「友だち」である場合が少なくありません。ステップ5の時にこのステップ6を少し意識できると「外出したいと言ったらこの人に頼めるな」などと先を見通せます。

さらに具体的に言うと、大学生くらいの少しだけ年上の理解者がいると行動できる範囲が一気に広がります。不登校・ひきこもりの状態になったら早めにゲームをするだけでも良いので家庭訪問を入れたいところです。その人が作り出す移動できる安全地帯が外出する時に非常に大きな役割を果たしてくれます。

ステップ6

ポイント⑦ 過敏な感覚を遮断する

「ネガティブな考え方」への対処方法より難しいのが「ネガティブな感覚」に対する対処方法です。考え方は理解を深めたり、捉え方を変えることで改善されていきますが、ネガティブな感覚の方はどうでしょう？「吐き気をもよおすような臭い匂い」「叫んでしまうような激痛」を私たちが感じた時にそれを「平気！ 平気！ 気の持ちようでなんとでもなるよ！」となるでしょうか。かなり無理に近いですよね。ネガティブな感覚は刺激が入ってきた時点でダメージを受けてしまうので、受け止め方を変えるというよりは物理的な防御が大事になってきます。

絶対にやってはいけないのが「そんなに気にならないよ」「大したことないよ」とその感覚自体を否定することです。本人にとってはそれ自体は存在しているのですからその感覚がある前提で対処方法を一緒に考えるという姿勢が大事です。生まれつき感覚が過敏な人もいますが、不登校・ひきこもり生活が長くなってくると刺激に対しての耐性がなくなってきます。1日中暖かい部屋で過ごした人が少しだけ外出しようとすると寒さが一段と厳しく感じることがあるのと同じような感じです。

・靴ずれやセーターのチクチク、洋服の締め付けが気になる
・たくさんの人がザワザワしている声が頭に入り込んでくる
・大きな音に人並み以上にびっくりしてしまう

・香水や化粧、食べ物などのちょっとした匂いが気になって気分が悪くなる
・自分とは関係のないネガティブなことにも反応してしまう
・相手の気持ちを察知してすぐに反省する
そんな風に神経が刺激され続けている状態で外出するのは非常に大変だし、疲れてしまうので、
・楽に歩ける服装を選ぶ
・人が多いところに近づかない
・ノイズキャンセリング機能の付いたヘッドホンをする
・匂いがする場所からすぐに離れられるようにする
・ゲームをしたり、YouTubeを見て自宅モードに近い状態を作る
・外出する時間帯を工夫する、外出時間を短くする
といったことができるといいですね。

人の視線があるだけで神経が刺激されて疲れてしまいますので、車の中とかトイレの個室、学校ならばひとりになれる部屋などがあると助けになります。視線がなければ顔を作らなくてすみますし、評価を意識した姿勢をすることもありません。感覚については生まれつきのものはともかく、不登校・ひきこもりで身についたものは慣れてくれば薄れてきますので、その間だけでも過敏な感覚から逃げられるような工夫をしてみてください。

先を見通して　楽しんでいるうちにリハビリを

ステップ6では「外出する」ことを中心に進めてきました。学校に限定しなければ外出することができます。夜中の散歩かもしれないし、趣味の場所でも良いのです。それをしている間にも体力はつきますし、外の空気にも慣れます。それはいよいよステップ7の「学校へ」につながっていきます。

それを踏まえて、外出を繰り返しながら次の要素の回復を図りましょう。

◎体力

人は「考え方がネガティブな時」「気持ちがネガティブな時」「体調が良くない時」どれが一番ダメージが大きいと思いますか？　答えは体調不良＞気持ちがネガティブ＞考え方がネガティブの順番です。

気持ちがノリノリの時には「慎重に考えなさい」と言い聞かせてもそうはなりませんし、ショックで落ち込んでいる時に「プラス思考」と言っても難しいものです。さらに下痢をしてお腹が痛くて痛くて仕方がない時には「思考」も「気持ち」も動かなくなります。インフルエンザなどで高熱が出ている時にも「思考」「気持ち」が動きません。体力が落ちている時に行動をすると疲れてしまい、頭も心も動かなくなります。そうならないためにも無駄に外出をして体力を回復させておく必要があります。

◎基本動作

外出が久しぶりだと「買い物の仕方」「電車の中での場所どり」「時間感覚」などいろいろな基本動作が衰えています。私自身も社会復帰初日の通勤ラッシュで「この人たちの輪には自分は入れないな」と感じました。並び方、椅子や吊革の確保の仕方…長くひきこもっているうちにそんなコツばかりか「席を確保したい」といった闘う気持ちすら無くなってしまっていたように思います。外出を繰り返すうちに財布の使い方を思い出し、人とぶつからない歩き方を思い出し、何分あれば何ができるかを思い出していきます。

◎声と顔

ひきこもっていて誰とも会話をしていない状態だと表情筋が動かず、声も出ないので無表情な感じになってしまいます。人は人目を気にしている時の顔や声と人がいない時では全く違いますので、人前に出る時の表情や声を思い出しておく必要があります。家族との会話や友だちとの会話を通して、表情の作り方を思い出し、「それな!」「あーね」といった相槌も思い出してきます。

◎話題・トレンド

学校で人と関わる時に文化的な背景が全くわかっていないとからみにくいものです。それは授業の進み具合もですが「話題」や「トレンド」です。

ステップ6で洋服を買いに行ったり、映画を見に行ったり、画材屋さんに出向いたり、アニメイトに行ったり、紅葉を見たり…そんな行動を重ねているうちに「話題のタネ」がたまってきます。映画の話題なら友だちと会話ができるかもしれません。また、家での生活を満喫できればできるほど「トレンド」も追いかけることができます。もちろん、政治情勢や株価という話ではなく、どんなアニメが流行っているかとか、どんなゲームの端末が発売予定か？　アプリのイベントやアップデート情報がどうなっているかなどです。話題がひとつでも合えば学校の友だちとまた関わり始めることができます。

これらは「学校」に関係なく、人としてある程度回復しておきたいテーマです。家での生活を満喫し、好きなテーマを見つけ、外出する中でリハビリをしておいた方がいざ学校に復帰した時の負担が減ります。これが積み上がっていくといよいよ「学校で友だちと話ができそうだ」「半日ぐらいなら学校にいても大丈夫かな」という復帰への自信が湧いてきます。

ステップ7

学校へ

私たちは一度「もう飽きたな」と思ったものには再び手を出すことはあまりありません。「学校に通い続けるのはつらいな」…そんな思いで一旦通うのを中断した学校も、そこに再び通うためには「新しい動機」が必要です。多くのご家庭ではこの本のステップ1からステップ6を飛ばして、いきなり「学校への復帰の仕方」を実行しようとしていると思います。

それでも一瞬はうまくいくかもしれません。大事なのは「我慢して通い続けるか?」「楽しく通うか?」の違いです。着実にこのステップ6までをクリアしてきたご家庭では、いろいろなものの見え方が違ってきていると思います。例えば

・自分の居場所は必ずしも学校の中じゃなくて良いこと
・自分には大事にして良い信頼できる感情があること
・自分には信頼できる家族や友人がいること

そして何よりも大事なのが「学校に自分を合わせていく」のではなく「自分に学校を合わせていく」という優先順位の逆転です。学校は自分の人生をより良くするために便利だからあるのであって、通った人が不幸になる学校なら行かない方がマシです。

不登校・ひきこもりの期間中にこの発想の転換ができたなら、

「自分の人生を豊かにするために学校を選ぶ」
「自分の人生を豊かにするために職業を選ぶ」
「自分の人生を豊かにするために友人を選ぶ」

といった具合に自分自身の人生をより豊かにすることができるようになります。自分の人生を誰かに丸投げするのではなく、人生の主導権をちゃんと握れるようになるということです。

不登校・ひきこもりの期間が仮にとても長かったとしてもその期間に自分の人生を取り戻すことができたとしたらそれは素晴らしい回り道だったと言えるのではないでしょうか？

ステップ7の舞台は学校になります。つまり保護者の立ち位置ではできることがあまりありません。「先生に協力を要請する」「より良い学校を選ぶ」「お子さんのチカラを信頼する」「家に帰ってきた後にできるフォローをする」くらいでしょうか？　だからこそステップ6までのステップが非常に重要だとも言えますから、「学校に復帰させたい」という気持ちをぐっと抑えて、丁寧にステップ1からステップ6を実行してください。

私は20代をずっとベッドの上でひきこもって暮らしていました。人生の時間をだいぶ無駄にしてしまったなと思います。でも、自分の人生が見えないまま、学校や会社の言いなりの人生よりも自分を大事にできる人生の方が何倍も価値があることだと思います。遠回りをしてもなお得したなと思える私の人生経験です。

ステップ7を終える頃にはお子さんが学校に復帰できるだけでなく、笑顔で自分らしい新しい人生を歩み始めていることを願っています。

ステップ7

ポイント① 復帰初日は次につなげるのが目的

復帰初日は気をつけなければいけないことがたくさんあります。

・嫌な思いをさせないこと
・自信を失わせないこと
・孤立させないこと
・失敗させないこと
・次につながるテーマを見つけること
・可能であれば人とつながること
・できたことを喜ぶこと

そう考えてみると、そんな大事な復帰の日のチャンスを生かしきれていないことがよくあります。半年ぶりに学校に来た生徒と毎日学校に来ている生徒を同じように扱えば自信を失ってしまうこともあるし、孤立をしたり、失敗してしまいかねません。また、明日も学校に来てみようと思うきっかけは大切で、先生やクラスメイトひとりとちゃんと話ができるだけでも次に登校した時の安心感が違います。

そういう意味で復帰初日は次につなげるために重要な日です。

これまでステップ6で「学校以外のところに外出する」という方法を選択してきました。それは学校に行く目的を果たしやすくするために必ずしも学校に行く必要がないことを意味しています。復帰初日やそれからしばらくは同じように

・友だちとの関係を修復するため
・みんなが頑張っている姿を見学するため
・少しだけ自分を好きになるため

というように「学校に行くのは授業に追いつくためではない」と少しポイントをずらすと良いかもしれません。

そうだとしたら「遅刻」「早退」や「授業への遅れ」もすぐにダメージになりにくくなります。学校に行って、「ゲームしようぜ」と友だちを誘って、夜中にゲームをするくらいでも十分に復帰が始まっていると言えます。

復帰をし始めると舞台が学校（職場）に移動しますから親ができることは減ってきます。それでも家に帰ってきた後の関わり方で「次につながる関わり方」をすることは可能です。話し相手を十分にしてステップ6まででつちかってきた「ありがとう」や「好きだったこと」「好きな食べ物」「ゲームでのこだわり」「尊敬する人物」「学校以外の居場所」などさまざまな関わりを総動員して気持ちを支えてください。

ステップ7

ポイント② 学校の様子を把握できる

例えば遅刻してきた生徒に「今125ページをやっているよ」と一言伝えてあげるだけで、その教室の様子をつかむことができます。一般的に復帰直後は自分自身が何かをしなければいけないような授業を避ける傾向にあります。自分が参加していてもいなくても淡々と進むような授業を聞き続けている、ノートを取るだけで良いという授業が楽なようです。一方でそのような授業だけだとクラスの今の様子をなかなか把握することができません。動物園に例えると、寝ている動物を檻の外から見るのと餌の時間に餌に群がっている動物を見るのとでは印象が違うのに似ています。

もし可能であれば、どの授業が「自分は参加しないけれどもみんなの様子がわかりやすい」のかを学校と相談してみるのもひとつの手です。体育の授業や実験など動きがある授業の方が状況がつかみやすいかもしれません。家でずっとイラストを描いてきたのであれば、美術のような近いカテゴリが良い場合もあります。通信制高校などでレクリエーションの時間がある場合にはそれを見学するという方法もあります。いずれにしても自分自身は積極的に参加しない状態でクラスの様子を把握することができると復帰が定着しやすい傾向にあります。

最近の中高生は「正解を察して動く」という特徴がありますから、自分自身の言動が求められる前に「だいたいこの辺が正解なんだな」という状況把握をさせてあげてください。

・生徒同士の人間関係
・ウケる話題ウケない話題
・教室全体の雰囲気
・よく使われている言葉や使い方
・「これなら話題に入れるな」と思える話題や人

その辺りを先に把握できると安心して「この辺りが正解でしょ？」と自分自身を出せるようになってきます。「明日はこれを話してみよう」「この話し方ならば大丈夫だ」と感じられると学校に安定して通えるようになります。逆に「自分は浮いているかな？」「自分の話はつまらないんだろうな」と思っていると登校する意欲が湧かなくなってしまいます。

保護者の立ち位置は難しいところもあります。先生に学校の様子をどれくらい聞いた方が良いのか？　お子さんにどれくらい事前に伝えた方が良いのか？　やり過ぎれば不安になったり、疑心暗鬼になるリスクもあります。情報収集はできるだけたくさん行って、お子さんに伝えることは最小限という作戦がうまくいきやすいです。伝え方も「こうすると良いと思うよ」という指示的で圧のある方法ではなく、学校の先生が「今クラスでこんなことが流行っている」って言っていたよ！　というようにさりげなく情報を伝えられるとベストです。

ステップ7

ポイント③ 復帰は金曜日など負担の少ない日を選ぶ

慣れないことをすると疲れるものです。月曜日に学校に復帰してしまうと火曜日、水曜日が攻めてきます。一般的に不登校・ひきこもりが解消しそうな時期にやってしまうミスの一つに「月曜日は行けた。火曜日も行けた。もう戻ったと思ったのに水曜日休んでしまった。またダメな毎日に戻ってしまった」という解釈があります。

1週間、5日間のうちで登校日数0日だったのにそれが1日になるのは大きな前進です。それが月曜日、火曜日登校ができたから「行けるのが当たり前」となってしまって、行けない水曜日について落ち込むのはナンセンスです。この週は0日から2日に出席率が飛躍的に上昇しているのです。

そんなことを考えると、復帰する日は休日の前日がおすすめです。土日でもう一度体制を整えることができますし、世間も休んでいるので「また戻ってしまった最悪だ」となりません。さらには金曜日に得た学校の様子のイメージがあるので、月曜日からの作戦を立てやすくなります。

復帰計画を「点」ではなく「線」にしておくのも良い方法だと思います。ある日に復帰してそれで復帰終了！　とするのではなく、例えば

①まずは金曜日の1日（半日でも）登校してみる。週末なので土日休むことができる。
②翌週も金曜日だけを狙って登校してみる。もし余裕がありそうならば月曜日、水曜日、金曜日に登校日を増やしてみる。
③週3日登校に慣れてきたら5日に挑戦してみる。

という具合です。金曜日1日登校を目標にしていれば1週間に2日は快挙というかやりすぎということも言えます。目標を上回って回復しているというと気分がとても良くなります。週5日を基準にしたら、①②の段階は両方とも足りないということになってしまいます。その前提だと「ダメだ」と思いながら努力を続けなくてはなりません。「今週は1日の予定が2日も登校できたよ！」となるほうが気持ちが楽です。

そういう意味で復帰計画は1日完結ではなく、できれば2週間から1ヶ月計画にすると良いと思います。コツは「行きたいけれど今週の出席日数は既にクリアしてしまっているからな」と登校することを禁止されているストレスを感じるくらいに加減することです。「もう、1日とか言わずに登校させてくれないかな！」となったら義務ではなく自発的に登校するようになります。これは大きな違いですよね。

ステップ7

ポイント④ 空白の時間にサポートできる態勢を作る

学校での1日を想像してみるとどのタイミングが居心地が悪いと思いますか？　授業中に授業の内容が全くわからないとしたらそれは苦痛ですよね。でも、授業中は基本的には座っていれば時間が過ぎていきます。全員がその状態なのでごまかしやすいとも言えます。お昼の時間はどうでしょう？生徒ひとりひとりが自由に過ごせる時間ほど「自分はどこにいたらいい？」「孤立してしまわないか？」と心配になります。復帰してからしばらくの間、お昼休みはこうやって過ごすと決まっていると気持ちが楽です。一緒に食事をする友だちがいればいつもよりも気にかけてもらうようにして、声をかけてもらう、誘ってもらう、場合によっては午前中いっぱい頑張ったらお昼のタイミングで帰るなど、お昼休みは保健室などの特別の場所で過ごすことにしておくのもありです。人の視線がないところでエネルギーを補充できるのと「孤立しているんじゃない？」という視線を感じながら人の中にいるのとでは疲れ方が違います。

学校でのことですから保護者ができることは多くはありませんが、次のような「空白の時間」に嫌な思いをしてしまわないように可能な範囲で配慮したいところです。「2人組を作って」「仲の良い人と集まって」という指示は復帰したての時には厳しいものです。相手が見つからずにオロオロしてしまわないように、そういう流れになりやすそうな授業は最初のうちは選ばないのもコツです。もし、学校の先生と協力関係が作れそうならば、あらかじめペアになる生徒を決めて話をしておくなどのサポートがあると安心です。

また、学校復帰の直前にゲーム仲間、オタク仲間、同じ部活のような共通点がある友だちと先に会っておくと状況を伝えることができます。復帰後はこの辺りが不安だから協力してほしいと伝わっているだけで安心感が違います。ステップ6で実際に家の外に出始めた段階で友だちと買い物や映画などに行けているとこの辺りの対応がだいぶ楽です。

ただし気をつけたいのはあまり過剰に手をまわしすぎるとお子さんが不信感を感じて逆にやる気をなくしてしまったり、プライドが傷ついてしまうこともあります。学校での1日はあくまでも学校でのことなので「この辺りにリスクがあるんだ」と頭に入れておいて家で関わる時に警戒しておく程度でも良いと思います。

ステップ1で「同行二人」のお話を書きましたが、これまでのステップで信頼関係がしっかりとできていれば弘法大師のように姿は見えないけれど一緒にいてくれる安心感。孤立したりうまくいかないことがあっても自分は大丈夫だという気持ちが支えてくれます。これは学校だけでなく、人生という意味でも同じです。

ステップ7

ポイント⑤ 共通の話題が話せる仲間を作る

今の学校にあったら良い授業ってなんだろう？ と生徒に尋ねると、人気があるのが「趣味の時間」です。共通の趣味について情報交換をしたり、教えてもらったりする時間なのだと言います。Ｔｗｉｔｔｅｒなどを使う生徒は学校とは別のコミュニティに所属してゲームの話をしています。好きなゲームのそれも同じようなレベルの人たちとの会話は盛り上がります。それを学校でもできたら良いという考えなのだと思います。

今は趣味が多様化し過ぎていて、学校の友だちの中から同じゲームをしている人を探すのが難しいこともあります。同じゲームをしていたとしても「にわか」なのか「ガチ」かによっては会話が成り立ちません。それらをすり合わせるのが「趣味の時間」です。「スポーツ」「自動車」「ゲーム」「アニメ」「Ｋ－ｐｏｐ」「アート」「料理」「美容」「筋トレ」…いろいろな趣味がありますが、全てに対応した部活があるとは限りません。

友だちはどんなものに興味があるんだろう？ 自分が参加できそうなものはなんだろう？ それを知る時間があると「共通の話題」が増えていきます。

今までは自分だけの楽しみのために家でやっていたことが「誰かと分かち合うもの」に少し変化します。「一緒に遊びたい」「喜ばせたい」「驚いてほしい」そんな気持ちが心の距離を埋めていきます。

初心者コースを体験するのもひとつの手です。

・ボーリングをやったことがない人や久しぶりの人のためのボーリング大会
・ローカルルールを調整しながらゆっくりとやる大富豪
・今週はこのアニメを一気に見よう
・誰もやったことがないボードゲームに挑戦しよう

レベル差を感じさせないような環境を選ぶことによって最初の一歩を踏み出すことができます。

いよいよ自立が近づいて、保護者が介入できることは少なくなってきました。保護者が頑張って、共通の話題が話せる仲間を作るのは無理があります。せめてできることは共通の話題を作ろうと家でがんばっている時に邪魔しない、応援することだと思います。特にゲームやアニメ、推し活、部活、趣味などはコミュニケーションのテーマとして欠かせないものです。社会人がニュースをチェックしてそれをコミュニケーションに活かすように復帰の準備として十分に好きなテーマを追求させてあげてください。「休んでいたからこのあたりはむしろ詳しいんだ」という状況だと活躍する場すらできるかもしれませんね。

ステップ7

ポイント⑥ 簡単で集中できる役割を作り継続させる

バーベキューをしていると役割を見つけられずに孤立してしまう人がいます。逆に「火を見張って」という役割であっても、役割をもらえるだけで「そこにいていいんだ」という感覚が得られます。

復帰直後は輪に入れないバーベキューのようなものです。暗黙の了解で決められる役割分担を察するほどまだ様子がわからないし、体力的にもスキル的にも重要な役割をやる自信がないかもしれません。そんな時期を乗り越えて、長期的に学校に通い続けられるようにするには「簡単で集中できる役割」が必要です。

私自身もひきこもりを解消して社会に出ても世間の話題についていけないし、一般的な会話のノリになかなかついていけませんでした。また孤立してしまう。また輪に入れてもらえない。そんなことを考えては怖くなっていました。でも、カウンセラーをやり始めた頃からは「誰かの悩みを聞く」「相談に乗る」という役割に関しては自信が持てるようになりました。周囲もそこだけはあてにしてくれるようになりました。「自分が果たせそうな役割はここです」とまず自覚することと可能な範囲で周囲に伝えることで役割をもらいやすくなります。

・最近よく見ているアニメはこれです
・ちゃんと勉強してきたので数学だけはバッチリです
・家で料理をしていたので料理については詳しくなりました
・まだうまくないけれど最近イラストを描き始めました
そんな情報が友だちとの繋がりのきっかけになったり、継続的な役割になることもあります。

また、今まで役に立つと言われたことがなかったことで役に立てるとそれ自体が自信につながるだけでなく、本当の意味で「個性を生かして生きていってもいいんだ」という実感を得ることができます。

勘の良い方はお気づきかと思いますが、ステップ７のプロセスは「学校に復帰するためのもの」だけではありません。共通の話題を話せる仲間を作ったり、集中できる役割、自分のポジションを手に入れることはこれから先の人生で欠かせないスキルです。初対面の人に自己紹介する時の型が人は社会人になってからもすぐに仲間を作ったり、役割を手に入れることができます。そのための予行練習としてもこのステップを生かしていただければ嬉しいです。

ステップ１で保護者ができることは多くなく、お子さんの力でお子さんの内面が整うのを「邪魔しない」のが役割でした。そしてステップ７の後半も保護者がやれることは多くありません。自立を目的として送り出すのですから「邪魔しない」のが大事だと言えます。家でのいろいろな試行錯誤が力になって、支えになっていると信じて送り出してあげてください。

ステップ7

ポイント⑦ ひとりの人として自立して生きていく

最近は一人で何かをやりきれない生徒が増えました。課題も最後までやりきれない、集中力が続かない、褒め続けないと3日坊主で諦めてしまいひとりで１００％のレベルまで持っていけない…。ある程度できるところまでやれば、誰かが助けてくれると思っているかのようです。

しかし、それが許されるのは遅くとも就職活動くらいまでです。企業ではその会社に所属する人たちが１２０％ずつ力を発揮して、その20％を集めて企業としての価値を生み出しているようなところがあります。誰も「やりなさい」「ちゃんとやったの？」とは言ってくれないし、机の上を片付けてもくれません。忘れないように声をかけてくれることもないのです。

企業研修をしていてよく耳にするのは「前に進むための戦力」としての新卒ではなく、「ケアをするための人員」が増えたという話です。自分のことは大丈夫だという１００％の部分に加えて、仕事として貢献できる＋20％の部分があるから組織で協力しあったり、何かを任せることができます。しかし、自分自身が80％や60％の人は「今日は朝起きられそうか？」「これ忘れているぞ」とフォローされてばかりで１００％を超えた価値の部分を生み出すところまで到達しません。そうなると企業は

「朝起きられそうか？」と確認することが仕事になって前に進めなくなってしまいます。

今回出てきた「あいさつ」「ありがとう」「役割」「好き嫌い」「達成感」「自分を好きになること」「視点の切り替え」「創作活動」「同行二人」などは復帰のためだけに必要なものではありません。むしろこれから自立して人生を歩んでいくために必要なことです。そして、ステップ２の最後にも近い話を書きましたが、学校は自分の人生をより良いものにするために活用する道具です。学校に自分の人生や生活をコントロールされるのではなく、自分自身の人生をより輝かせるために学校を活用するのです。

そのための自分自身の人生の形が今回の不登校・ひきこもりの経験で少しだけ見えたのではないでしょうか？

「親に助けてもらうのが当たり前」ではなく「学校にコントロールされる」でもない「自分自身の人生の時間を大事にする生き方」をこれをきっかけに少しずつ始めてほしいなと思います。

先を見通して

復帰後の安定を目指して

不登校・ひきこもりの経験から復帰すると何事もなかったかのように毎日の生活を送っていける人も多いですが、中には再びひきこもりになってしまったり、上手に安定した生活に戻っていけない人もいます。

最後に「再発しないためのコツ」をお伝えしておきたいと思います。

1つ目のコツは「同行二人」です。このキーワードは何度かこの本で出てきていますね。お遍路さんの時に弘法大師が常に一緒にいてくれているという感覚を指します。これは社会に出てもどんなに困難なことがあっても自分のベースとなる家庭、親子の信頼関係があるということだと置き換えることができます。復帰をした我が子に「朝起きなさい」「ゲームのやりすぎ」と細かく口を挟むよりは徐々にそういった介入を減らし、「人生の大事な節目」「人生最高の日と最悪の日」そんな時には相談に来なさいというくらいおおらかな関わり方に変えていきたいものです。人生の99%は自分の力で…どうにもならない1%の時に振り返ると親がいる。それくらいの関係性が「同行二人」に近いのではないかと私は思います。最近では会社員になってでも親に起こされ、親に部屋を片付けてもらっている人もよく見かけます。50%は親の力で50%が自分の力ではこれから先が心配です。復帰した後もこの本を読み直して、徐々に徐々にサポートレベルを下げ、遠ざかっていくことをおすすめします。自立が最終目標ですから。

2つ目のキーワードが「二師三兄五友（にしさんけいごゆう）」です。これは私の教育の師匠から教わったものですが、自分の人生の遥か未来を照らしてくれる師匠的な存在が二人。自分の数年後の姿としてお手本を見せながら進んでくれる先輩、兄弟子が三人。そして、同じ視点で人生を歩んでくれる仲間、同期が五人。この人間関係が得られれば人生はかなり安定して前に進みます。もちろんそのメンバーに親が入ることはありませんが、そういう人間関係が得られるように時として縁を作るなどの協力をするのが親の役目かもしれません。

最後が「不満より感謝」です。20代前半くらいまでは社会の大人たちはかなり優しいです。そんな大事なことを教えてくれたり、ミスしても怒らず、次につながるように指導してくれます。そんな時に「不満」を口にする子がいます。「自分だって大変だったのに」とか「会社の制度が良くなかった」といった具合です。中には親子で会社に文句を言ってしまうケースすらあります。それではせっかくの優しい大人たちもうんざりしてしまいます。逆に「ありがとうございます」とちゃんとお礼が言える子もいます。お菓子をいただけば嬉しそうにお菓子を食べている写メを送ってお礼をします。教えてもらったことを一生懸命にできるようにする子もいます。そうなると優しい大人たちは喜んでまた助けてくれます。その子の周りは感謝で満ちています。

私は仕事柄、家庭訪問をしますのでたくさんのご家庭を見てきました。お子さんがリストカットしたり、暴れたりすることもありますから夜中の2時3時に駆けつけていくことも少なくありません。私自身にとっても大事な子どもたちですからそれが苦になることはありませんが、ご家庭による差がすごくあるなとは思います。

親がお礼を言える家庭はお子さんもお礼が言えます。

親が感謝もなく次の要求をしたり、不満を言う家庭はお子さんもその傾向が強いです。

不登校・ひきこもりの状態の生徒がいれば対応が上手か下手かは別にして学校でもそれなりに悩んだり、対策を考えたりしてくれています。近所の人や友だちの保護者、親戚などもそうです。

復帰が無事終了し、ホッと一息つけたなら、今まで支えてくれた人に感謝の気持ちを伝えることは大事なことだと思います。それは家庭を「感謝」で満たす意味もありますし、そういう関係ができているほど万が一再発した時にもまた周囲の人が喜んで助けてくれることにもつながります。

おわりに

7つのステップを最後までお読みいただきありがとうございます。

全編にわたって、「子どもの気持ち」と「親ができること」について書いてきました。最後は親の立場から見た私の気持ちを書きたいと思います。

スマホが普及し、SNSや動画、ゲームが中心の社会になって、私たちは我慢ができなくなりました。数分に一回、スマホをチェックしてしまう人もいます。ボカロ曲を流しながらじゃないと宿題ができない子もいます。「当たり前のこと」には人は反応しなくなり、「珍しいこと」「ワクワクすること」「自分が評価されること」にばかり反応するようになっています。

・毎日、仕事をして帰ってくる
・毎日、家族が食べる食事を作り続ける
・毎日、家の中をきれいにしておく

それが私たちの生活を支えているのに、そんな「当たり前のこと」には子どもたちは反応しません。

365日食事を作り続けるよりも1年に1回ケーキを買ってくる方が喜ばれます。インスタ映えするケーキならSNSにその画像をアップできるので、さらに喜ばれるかもしれません。そのケーキの頻度が毎月になり、毎週になり、毎日になったのが現代です。「友だちのケーキと比べて、我が家のケーキはインスタ映えしない」「今日はケーキがないからやる気が出ない」という文句すら聞こえてきそうです。それはそれを支える側からしたら理不尽極まりない状況だと思います。

私自身もひきこもりの最中は理不尽な要求ばかりして、自分が世界で一番辛いと思っていました。振り返ってみると一番辛かったのは周りで諦めずに支えてくれていた人たちなんだと今ならわかります。今辛い最中にいるお子さんが周囲を見渡して、感謝できるようになるには数年から十数年かかると思います。「今すぐゲームがやりたい」と我慢ができなくなっている我が子のために頑張る皆さんが報われるのは数年後。場合によってはその間も学校や社会、親族などの間に挟まれ板挟みになるかもしれません。「我慢できない人のために我慢をし続ける」その構造自体が理不尽だと思いますが、それをするだけの価値はあると私は思います。

私は人の健全さの指標は「どれくらい我慢ができるか」だと思うことがあります。

子育て、芸術、経営、教育、研究、医療、政治など結果が出るまでに数年から数十年かかるものもあります。一方で「ワクワクすること」ばかりに反応してしまうと、5分と我慢できません。では、5分で手に入るような喜び（安易な快楽）を積み上げて幸せと呼べるでしょうか？「人生はつまらない」「20歳になったら僕は死ぬんだ」そんなことをいう若者が増えていますが、5分で得られる与えられた喜びは20年も浴び続ければ飽きます。もし、本書をお読みの皆さんが途方もない労力をかけて子育てや教育をしているとしたらそこには5分で得られない人生の大事な何かがあると感じているからではないでしょうか？

私は8年間もひきこもりをして親に相当な理不尽な経験をさせてしまいました。でも、今、私の親は私を見て「育ててよかった」と満足そうに笑います。満たされずに次から次へと刺激を求めてスマホを握りしめている人のそれとは違い、この笑顔は「もう十分だ」という笑顔に見えます。

この数ヶ月、あるいは数年、我慢の日々を送られている方も多いのではないかと思いますが、私はそこにこそ人生の喜びが隠れていると感じています。この本がそんな日々の道標になったら嬉しいです。また、近い将来、苦しみを乗り越えた子どもたちが人生をかける価値があるものに出会ってくれたらなお嬉しいです。

長い道のりには地図やガイド、仲間が必要です。本書がみなさんにとっての地図となり、そして人がつながって助けあえるきっかけとなれば,子どもたちの未来はより明るくなるかもしれません。

最後に、この本を書くにあたって、実体験などを聞かせてくださった皆さんに感謝申し上げます。

不登校・ひきこもりから抜け出す
7つのステップ

2021年6月25日　初版第1刷発行

著　者　　椎名雄一

発行者　　山口教雄
発行所　　学びリンク株式会社
〒102-0076 東京都千代田区五番町 10番地 2F
電話：03-5226-5256　FAX：03-5226-5257
ホームページ：http://manabilink.co.jp/
ポータルサイト：https://www.stepup-school.net/

印刷・製本　株式会社 技秀堂

表紙・本文デザイン　渡邉幸恵（学びリンク株式会社）

ISBN 978-4-908555-43-5（不許複製禁転載）
乱丁・落丁本はお取り替えします。定価はカバーに表示しています。

【お問い合せについて】
●本書に関するお問い合せ、感想等は発行元「学びリンク株式会社」（上記）までお問い合わせください。